SHODENSHA SHINSHO

その気持ち、なんて言う？

——プロに学ぶ感情の伝え方

NHK「言葉にできない、そんな夜。」制作班

祥伝社新書

はじめに

番組タイトルにもなっている「言葉にできない」は、まさに私の日常的な心の叫びです。会議中、勢いよく口火を切ったものの、熱い思いがうまく言葉にならず、途中で迷子になるなんてことはしょっちゅうですし、ドラマや映画を観た直後のなんとも言えない胸の高まりは、大抵本当になんとも言えないまま消えていってしまいます。

仕事で生じた感慨をＬＩＮＥで伝えようとしてみても、文字にしてみるとなんか違う……、でもとりあえず送信。そんな日々を過ごしてきてしまいました。

でも、「Twitter や YouTube のコメント欄を開くと、さっき抱いた胸の高まりがまさに言い表されていたり、作家の方々のエッセイを読むと、あの時抱いた気持ちがきちんと言葉になっている。気持ちにぴったりの言葉を見つけられた時って独特の爽快感があります。

同時にＳＮＳでは、己の語彙《ごい》力のなさを自虐的に「(語彙力)」と締めるスラングを頻繁《ひんぱん》に見かけるようになりました。「あ、これって番組になるのかも」。言葉にできないもどかしさと、言葉にできる方々への憧れを詰め込んで、「言葉にできない、そんな夜。」という番組が生まれました。

このあと登場するさまざまなテーマは、20~30代のディレクターが、「これこそは絶対に心が震える瞬間だろう!」と思った日常の一場面を、企画会議に持ち寄って、選ばれたものです。

毎回、何十というテーマが会議に挙がるのですが、選ばれるのはほんの一握り。「シャワーを浴びていると、今日起こったあらゆることの後悔が思い浮かんできて、急にうわぁ~ってなったりしません⁉」と自分的には渾身《こんしん》の瞬間を投げかけても「……大丈夫ですか?」と、あっさり撃沈することも多々あります。でも、性格もばらばらな制作メンバーが、声をそろえて「あ~! わかる~!」と共感する瞬間が確かにある。そんなテーマを見つけ出せるよう、日夜会議を重ねています。

そんな厳選された「言葉にできない瞬間」も、実際に言葉にしてくれる方々がいなければ、番組は成立しません。企画書が通って初めてこの番組を制作している時、私の最大の心配は「決してドラマティックではない、日常の一場面の気持ちを書くことに、興味を持ってくれる人っているのだろうか」ということでした。

「誰も見つからなかったらどうしよう……」

毎日胃をきりきりさせながら、企画書の返信を待っていたのを覚えています。ある作家さんとの打ち合わせで、「普段、物語と関係ないところって書き飛ばしてしまうから、こういう試みって面白い」と言っていただけた時初めて、番組として成立する手ごたえを感じました。

結果的に、こんなにも多くの方々が、すばらしい表現を寄せてくださいました。放送だけで終わらせるのはもったいない。気に入った言葉はそばに置いて何度も味わっていただけたら、そんな願いを込めて、今回、書籍化する運びとなりました。

この番組を制作して一番感じたのは、言葉にしてみると、ささやかな日常が何か特別なものに見えてくるということです。

私の毎日は、大抵は会社と家との往復だし、すごく嬉しいことはたまにしかないし、大体はめんどくさいとか疲れたとかで構成されています（みなさんはどうですか？）。

そんな日々も言葉にしながらつぶさに見ていくと、いろんな感情や考え方が詰まっていて案外悪いものじゃない、そう思えてくるんです。日常を劇的に変えることはできないけれど、日常を見つめるまなざしは言葉によって変えることができる。そんなことに、書き手のみなさん、スタジオ出演者のみなさんに、気づかせていただきました。

本書では、番組のために書き下ろしていただいた言葉のプロによる表現をはじめ、スタジオで生まれた絶妙な表現、名作からの一文などを紹介しています。貴重なご本人の解説やゲストによる解説とあわせて是非楽しんでください。

読者のみなさんのかけがえのない日常を一緒に過ごせる言葉が、本書を通して一つでも見つかれば、こんなに嬉しいことはありません。

NHK「言葉にできない、そんな夜。」ディレクター 大木萌

目次——その気持ち、なんて言う？

「言葉が人を表し言葉で世界とつながる」
吉澤嘉代子（シンガーソングライター）

「語彙力よりも大事な伝えるための方法」
飯間浩明（国語辞典編纂者）

言葉のプロ・出演者 206

本文DTP　アルファヴィル・デザイン
インタビュー取材・執筆　門賀美央子
阿部花恵
JASRAC出 2302357-301

※引用文については、原則番組放送時の体裁にあわせています。
※一部の引用文については、振り仮名を加除しています。
※本人以外の解説は、解説文の末尾に話者を紹介しています。

第一章

日常の隙間

何気なく聞いていたサブスクの音楽アプリの中に、
昔自分でもあきれるほど聴き込んだ一曲を見つけた。
あの頃、いつもこの音楽がそばにいた。
この気持ち、なんて言う？

Q1

これいいよって押し込まれた
イヤホンのくすぐったさと並
んで食べた激辛ラーメンの辛
さとどうしてって爪を食い込
ませた感触ともう会わないっ
て決めて振った手が切った生
ぬるい風全部が真空パックに
なってたみたいに溢れ出す。

――金原ひとみ
（小説家）

懐かしい音楽を聞いて
「わー」って蘇《よみがえ》る濁流に飲み
込まれるような感覚をリアルに
表現するために溢《あふ》れる記憶を句
読点なしで流しこみました。

ほんとうに世界と殴り合っている感触が、
あのとき、あったんだ。
目を閉じてイヤホンを耳に突っ込んで、
最大音量の無言で叫んでたよ。
言葉にする利口さなんてまだなかった。
もう誰も殴れないよ。叫びもしない。
殴りたい世界があるときって、
幸せだったんだな。

——水野良樹
（ソングライター）

「最大音量の無言」に、言葉を知らなかった子どもの頃の叫ぶしかなかった気持ちを込めた。自分にとってのそういう歌が、中学2年生の頃に聴いたBONNIE PINKさんの『Heaven's Kitchen』。曲作りに迷ったらスタジオで爆音でかけて、当時の心の震え具合を思い出しています。

心臓にレモンをしぼった感じ

――橋本愛（女優）

曲を聴いていた当時から、「レモン」というイメージがずっとありました。

今僕は健康に気を使っている。
脂肪も減ってきた。だけど食べたくなるよな。
（「うまい、うまい」）
（「深夜のラーメンはうまい」）
だけど、やっちまったな――。
この気持ち、なんて言う？

Q2

心がやせちゃうから食べたほうがいい

——水野良樹

サワークリーム味のポテトチップスが大好きで、ランニングをしたあとも食べてしまう。その言い訳がほしい。

この強烈な抑圧からの
カタルシスに一体
誰が文句を言えよう。

——金原ひとみ

くだらないことを大げさに
表現してみました。

意志に睡眠薬を飲ませた。
これでよし。スープの残った器を見て、
そいつが目を覚ます。お前はダメ人間
だと罵倒する声から逃げるように
布団を被って、明日こそはと誓った
言葉が、嘘っぽく宙に舞っている。

——橋本愛

この短い文章に一つのシーンが詰まっている。（金原ひとみ）

Q3

深夜0時、寝る前にちょっとだけ携帯を見よう。

でも夢中になっていたら——。

「え、もう2時半!!　明日も仕事なのに——」

この気持ち、なんて言う?

この時間できたであろう事柄が残念顔でこちらを見ている

――崎山蒼志（シンガーソングライター）

本を読んだりしたほうが良かったかなと思った時、その本がこっちを見ている気がするんです。「私を読んでおけば良かったのに」って言われて、いつも「そうですよね」って思う。

結局残ったのは1%の内容とブルーライト色の後悔

――ヒャダイン（音楽クリエイター）

夜中にベッドで読んだ記事って、マジで1%も内容を覚えていない。99%忘れていて、寝ようと思った時にブルーライトの残像と後悔が広がる。

ひまつぶしこそ人生のメイン

――綿矢りさ（小説家）

何もせずにダラっとしている時間って、トータルすると人生の大部分を占めているのかなと思います。毎日やってるな～、ほぼメインだな～と思って書きました。

「あ～疲れた」

家に帰って来て解放されたこの瞬間。

（「は～お風呂に入らないと」）

（「あ～メイクも落とさなきゃ」）

（「パジャマにも着替えないと」）

でも――。

「あぁ、もう、だめだぁ――」

この寝落ちする瞬間の気持ち、なんて言う？

Q4

眠りに落ちるときの気持ちって、
へんなものだ。鮒か、うなぎか、
ぐいぐい釣糸をひっぱるように、
なんだか重い、鉛みたいな力が、
糸でもって私の頭を、ぐっとひいて、
私がとろとろ眠りかけると、
また、ちょっと糸をゆるめる。

——太宰治『女生徒』（角川文庫）

読者である私たちがここに書かれる魚のように、見えない釣り糸に操られているような錯覚を覚えます。（制作班）

ベッドのうえで
眠りにおちる瞬前の抵抗、
ものうくこころよい寝返りの刹那に
私たちをおそう、
あの透明ではげしい拡張感に
かえられるものがあるだろうか。

——開高健『裸の王様・流亡記』（角川文庫）

「おちる」を平仮名にひらいて「瞬前の抵抗」を漢字で締めて、「ものうくこころよい」をひらいて「寝返りの刹那」で締めている。たゆたう眠気を表す視覚効果も考えた表現かもしれない。（村山由佳）

有給の理由を探る部長の脇汗、
十年前に死んだ実家のエース、
いつまで自分が地球を
守ればいいんだと
電車内に響き渡る悲嘆、
ボトルを咥えた
推しのワイシャツを濡らす
給料の半分するシャンパン。
走馬灯みたいだけど、
たぶん明日はくる。

――金原ひとみ

「たぶん」にすべての望みをかけていて秀逸。(村山由佳)

第二章 恋愛の不思議

Q5

恋が芽生えた、まさにその瞬間——。
この気持ち、なんて言う?

恋、という言葉がこの世になくても、
私はその言葉を今なら作り出せるだろう。
きみ、と呼ぶにも、私、と呼ぶにも不十分な、
それでもそれ以外の何も混ぜたくないこの瞬間に、
名前をつけるとしたら。恋しかない。

——最果タヒ（詩人）

恋を知る前、恋という言葉は、多くの人が語るけど、本当にあるのか謎な。

そんな言葉でした。あまりにも言葉の存在感が強くて、恋という言葉にうまく嵌《はま》るように、自分の気持ちを探したり、「これが恋なのかな?」と無理に、自分の気持ちにその名前をつけようとしてしまう。けれどそうではなく、たとえ恋というものがまだ誰にも見つかっていなくても、今の私なら発見できる! と、確信している瞬間、それをここでは形にしたいと思いました。恋という言葉すら追いつかない恋を、書いてみたいと思いました。

触れられた肩、髪、頬、涙、胸の奥、
不確かな私の形を貴方が確かにする。

——吉澤嘉代子
（シンガーソングライター）

恋って強烈な自我の目覚めでもあると思うので、自分の心ってこんなに凸凹《でこぼこ》しているんだとか、ここはこんなに滑らかなんだってわかる行為でもあるなと思って書きました。言葉の順番は、形があるものから無くなっていくものにしたりとか、対極にあるもので選びました。不確か、確かとか。そういうものを入れるとすっきり仕上がるかなと思って書きました。

胸がごっとん、ごっとんと、
高鳴るのを、
どうしたら押し殺せるか、
そのことばかりに
気を取られていた。

——井伏鱒二「無心状」（『かきつばた・無心状』新潮文庫）

オノマトペが登場する時って、言葉から感情が飛び出しちゃった時だと思っています。胸がときめく時ってだいたい「ドキドキ」とか「バクバク」だと思います。でも、「ごっとん、ごっとん」って恋の暴走列車になってしまっている。（吉澤嘉代子）

職場の先輩に恋をした。
大好きな人に会えると思うと、
明日が待ち遠しい。
なんだろう？
いつも見ていた風景が、
まるで別世界のように輝いて見える——。
この気持ち、なんて言う？

Q6

映画がつまらなくたって。
シーソーで重みがバレたって。
突然の雨に降られたって。
このまま地球が滅亡したとしても。

――金子茂樹（脚本家）

「たって」「たって」「たって」のあと、「としても」がクッションになっている。余白、抜け感があることで、より多くのものが表現されている。

（金原ひとみ）

月の光も雨の音も、
恋してこそ始めて
新しい色と響を生ずる。

——永井荷風『歓楽』

光が「色」、音が「響」に収斂《しゅうれん》されることでよりクリアになる。（橋本愛）

「恋をしたら見えている世界が変わる」というのが、共感覚のようにある人間ってすごい豊かな存在に思う。（水野良樹）

好きな人にメッセージを送り待つ。
この気持ち、なんて言う?

Q
7

世界で最も平等なのは
〝時間〟です
……というのは嘘だ。
どこぞの誰かが
カップ麺が湯立つのを
待つ3分と、
私があなたの返信を
待つ3分とが、同じなわけがない。

――水野良樹

待つ時間が特殊な時間になるっていうのは、僕も体験したことがありますし、みなさんも体験したことがあるかと思います。

　以前、ロンドンオリンピックを現地で見る機会があり、ウサイン・ボルト選手が１００メートルを走る姿を目の前で見ました。走っている時間って約10秒で、今ここで過ぎている時間も同じ10秒。でもボルト選手が走った10秒って6万人くらいの観客がめちゃくちゃ集中していて、とんでもない価値のある10秒になっていた。

「あ、こんなに時間って違うんだ」っていうのをその時にすごく感じました。

その感覚を対比させて書いてみたものです。

早く返事を聞きたい。
かと思えば永遠に聞きたくない。
でも早く返事を聞きたい。
たとえどんな返事でもいいんだ。
君からの返事なら。

——小沢一敬（お笑い芸人）

投げたらボールを返してほしい。仮にそのボールが泥団子に変わっていたとしても、「拾ってくれたんだ」「投げてくれたんだ」ってことが嬉しい。

Q8

私には好きな人がいる。
でも彼が楽しそうに他の子と
話しているのを見ると何だか落ち着かない。
別に二人は付き合っているわけじゃないんだろうけど――。
この気持ち、なんて言う?

気がつけば　わたくしは
一面の空に
星のような砲弾を降らせていた。

夜の中を去りながら
ほんの半日前　あなたの瞳が
本当はわたくしに対しても分け隔てなく美しかったことを
帰れない家のように
思い出していた。

――島本理生（小説家）

好意を寄せている相手が、自分とは別の人と親しくしていたら。

孤独を感じ、とっさに相手を傷つけてしまうかもしれない。「砲弾」は、その混乱の激しさをイメージした言葉です。一方で、本来、好意とは綺麗なものでもあったはず。だからこそ、「星のような砲弾」と表現しました。

嫉妬は、老若男女問わず、生じる感情です。だからこそ「わたくし」という一人称は、できるだけ誰でも読めるようにと選びました。一見、怒りや淋しさで我を忘れているようでも、胸の内には客観性や後悔が共存していることを、「本当は～」の一文の中で書き表したいと思いました。

とはいえ、自ら壊した関係性には帰れないことも、大切な事実だということを、最後の二行に込めました。

どんな性質の人かは知らない。
それを強いて知りたくもない。
ただあの二人を並べて見たとき、
なんだか夫婦のようだ
と思ったのが、
慥《たし》かに己の感情を害した。

——森鷗外『青年』（岩波文庫）

「夫婦のようだと思った」というところは、自分が負けているというニュアンスも出ているし、何か手出ししようとは思っていない。そこに静かな絶望感が流れていて、「慥かに己の感情を害した」という硬めの文章で締める緩急のつけ方が面白い。最後の一文では取り繕っているような感じがする。
（金原ひとみ）

気になるあの人と飲んだ。

「わかってる――」

さっきから終電が
刻一刻と迫っているということは。

「このあとどうする?」

が言い出せないまま時計の針は進む――。

この気持ち、なんて言う?

Q
9

「この後どうする？」

きく女の子が好き？

きけない女の子が好き？

それを知るには「この後」が
絶対必要なのに

――小野花梨（女優）

絶対一緒にいたいけど、「この後どうする」って聞いたら、軽い女性だと思われるかもしれない。でもこれを言わなきゃこの人には見てもらえないかもしれない。だから一世一代の大勝負に出るわけですよね。

「帰りたくない」なんて
ドラマみたいな台詞
のどの奥から零れそう

——吉澤嘉代子

お酒の場なので水気が必要かなと。そう思ってちょっとトレンディな表現にしました。

いま口を開けば、この時間に名前がついてしまう。
この空間に輪郭が引かれてしまう。
できればこのまま時空の座標から抜け落ちて、
何もない場所を漂っていたい。

——朝井リョウ（小説家）

二人がお店を一回出たという設定です。このまま最寄り駅まで歩いて解散するのか、別の場所に誘うのか。何を選ぶにしても、〝これからどの方向にも転べる直前〟という段階特有のあやふやさ、そのもどかしさを書きたかったんです。いわゆる友達以上恋人未満という状態のズルさ、とも言えますね。

僕は彼女に恋をしている。
しかし、彼女には彼氏がいる。
それでも彼女のことが、
好きで好きでたまらない。
考えるだけで胸が苦しくなる。
この気持ち、なんて言う？

Q
10

私たちの髪の毛も、皮膚も、
余りにも同質で、
触れ合うと同時に
液体同士のように溶解し、
境界線が見えなくなる。
完璧に溶け合った自分たちの
髪の毛の渦を見ると、彼女を
喪失している気持ちになった。

――村田沙耶香（作家）

以前、主人公のクローンが4体いて主人公がその中の一人に恋をする小説を書きました。この文章は主人公と彼女のクローンの恋愛ですが、他のケースの恋愛でも、その人だったらここでこう感じるだろうなとか、こうやって言うだろうなとか、恋愛対象が自分の中に存在して同化している感覚を抱くことはあるのかな、と思います。

溶け合って同質化するのも、異質で全くわからないのも恋愛の側面なのかなと書きながら考えていました。

愛は恋より勝手

――川谷絵音（ゲスの極み乙女『アオミ』歌詞）

恋はしようとしてできるし、終わらせようと思ってできる。愛って気がついたら始まっていて、自分で終わらせることができない。

私の心臓はあのとき一部分
はっきり死んだと思う。
さびしさのあまりねじ切れて。

――江國香織『号泣する準備はできていた』（新潮文庫）

言い切るのではなく「と思う」があることで、むしろ精神の中の肉体の存在が鮮明に感じられました。肉体とは別の「心の肉体」が死んだり、ねじ切れたり、時には粉々になったり、血を流したりしている感覚が自分の中で蘇る気持ちになりました。心と体の融合と分離が感じられてすごく好きです。（村田沙耶香）

柄にもなく海なんてくるから、
久しぶりに君のことを思い出してしまった。
溢れ出した思いに少し胸がきゅっとなる。
昔の恋人を思い出した時、
この気持ち、なんて言う？

Q
11

そうだ、君は
蹄みたいに揺るぎなかった。
夜中に急に現れて
心の表面を踏みしめた。
痛みと記憶が混ざって忙しい。

――川谷絵音

「蹄《ひづめ》みたいに」という表現は、この詞を書く時に「踏まれる」って言葉を使いたいなって思っていたら出てきました。蹄を調べてみると、「馬の第二の心臓」って言われるぐらい大事な部分なんです。最初の二行で、きみはその第二の心臓くらい大事な存在だったっていうことを表現しています。でも、僕自身は自分の感情を100%言いたくない。だから「心の中までぐちゃぐちゃにされた」かもしれないけど、「表面」や「忙しい」という言葉だけにして、あとは想像してくれという風にしました。

第三章

仕事の葛藤

Q12

僕たちは会社の同期。
ある日、同期の一人が上司に褒められた。
創業以来の快挙を成し遂げたらしい。
(「いつの間に」)
(「すごいな――」)
この気持ち、なんて言う?

胸の内に光が広がった。
これまでの彼女の姿が思い出され、光は暖かな熱を持つ。
しかし、その光の陰に立ち尽くす自分がいる。
情けなさ、悔しさ、
もっとやれたはずだという怒り。
光の陰から、「おめでとう」と手を打った。

――町田そのこ（小説家）

自分も音楽をしている中で他人の素晴らしい音楽を聴くと、「最高だな」と思う。一方で、「自分は全然だめだな」と思うこともたくさんあって、その時はネガティブな感情に支配されてしまう。それでも結局、素晴らしい音楽は素晴らしいし、自分ももっと頑張ろうと思える。自分の心境にも合っている表現です。（崎山蒼志）

嫉妬、そんな名のつく。
彼はそれに打ち克とうとした。
又友の成功は
自分達の成功を意味するものだ
とも思っても見た。
しかし毒素は
どいてはくれなかった。

――武者小路実篤『友情』（新潮文庫）

綺麗事というか理性で勝とうとしている頭の部分から「意味するものだ」というところぐらいまでは、ほぼ濁点がない。綺麗に言っているけど、後半に本音が出た時に「どくそ」「どいてはくれなかった」と「ど」が続く濁りにコントラストの効きを感じる。（ヒャダイン）

他人の成功や失敗に振り回されたくない
自分じゃないんだから参考にもならない
他人の成功をただ喜んでいたい
自分じゃないんだから苦労や努力の大変さも知らずに
ひょっとしたら僕はもう
何かをあきらめてしまったのかもしれないね

――小沢一敬

同期の努力も知らずにただ結果に嫉妬している自分。その時点で成功を諦めているのかもしれません。（制作班）

初めて大きな仕事を任された。
何をやってもうまくいかない。
手探りの日々。
その仕事がやっと終わった。
全身を包む達成感と疲労感。
でも、それだけじゃない——。
この気持ち、なんて言う?

Q
13

空気が清涼になった。
いや、空気を取り込む体が
クリアになったのだ。
どろどろと
溜まっていた澱が、
数回の呼吸で消えていく。
そして、
ほんのりと発光する
温かいものが残った。
手を、ぐっと握りこむ。
空っぽの拳の中に、
感じるものが確かにある。

——町田そのこ

目に見えないものが身体感覚を持つというか、本当に掌の中にあるような感じがするというのがすごい文章だと思いました。（吉澤嘉代子）

脳よ、いい加減にしろ。
何が良かった？
悪かった？
もういいよ。
細胞が撫でてくれる。
「お疲れです自分、
ほんとよくがんばった。」

——ヒヤダイン

大きな仕事をしている時ってすごく緊張して、脳がめちゃくちゃ回転している状態だと思います。けどもういいよ、と。細胞全体が「お疲れ、とりあえず休もう」と言ってくれている、あの感覚を書きました。

あと少し。

あと少しこれを乗り切れれば。

ここさえ踏ん張れば、

ちょっと一息つけるはず。ちょっと一息——。

「え、先方からクレーム!?」

一息つけなかった——。

この気持ち、なんて言う?

Q
14

石になった体が
人間のように
ふるまっている

——村田沙耶香

疲れ果てて感情を持つ元気もない時に、心の機能がストップしたまま今まで蓄積したデータだけが肉体を動かしている様子が浮かびました。

くたくたに疲れて、
空気を抜かれたような軀《からだ》を、
ぶらぶらと無意識に駅へ運んでいる。

――林芙美子『浮雲』

本当に疲れ果てた時って、もはや自分の意識ではなく、見えない何かに運ばれているような感じがしますよね。（制作班）

もうだめです。わたしの果て。
頭のなかは砂漠で、誰の言葉も届かない。
でも、これはまたなんて広々とした砂漠。
わたしのほかに誰もいない。
大の字になって横たわれば、
濡れて凍ったような星が一つ、
空に光っている。

——江國香織

「わたしの果て」で極限に来ているのが冒頭から伝わってきました。「わたし」が平仮名なので、精神が液体のようにトロっとしているイメージを受けとりました。知っている世界じゃないところ、疲れの極限のドアを開けているような感じがします。(村田沙耶香)

Q
15

「やばい、あと10分でレポートの締め切り！」

「もう出なきゃいけないのにプレゼンの資料が間に合わない！」

「先生、原稿まだでしょうか？」

「このＶＴＲの編集が間に合わない――」

この気持ち、なんて言う？

緊張の凪が訪れて、耐え難い静寂にペンを打つ。
そうでもしないと目も心も閉じていく。
「考えろ」そんな言葉も波を立てれず、
私は黒に沈んでいく。

――川谷絵音

締め切り前、無になる時があります。緊張している中で急に凪がおとずれて、さっと静かになる時があるんです。その静寂を切り裂くためにペンを打って書いていくんですが、そうしないと目も心もどんどん暗くなってく。文字も黒いし、夜になったり、もう自分の目も閉じていってどんどん黒くなっていく。そして、これを超えたあとに本当の締め切りが来る――。

一億の懸賞金をかけられ、
数多の殺し屋が解き放たれた真っ暗な森で、
ゴールも分からず彷徨い続けるかのごとき、
ブルーライトを浴び続け、
祈りのように飴を噛み砕く孤立無縁の夜。
――金原ひとみ

締め切り間際の切迫感が、非日常的なハードボイルド風の文章で表現されています。しかし、「ゴールも分からず彷徨い続ける」「孤立無援の夜」という表現で自分に置き換えることができた人も多いのではないでしょうか。（制作班）

しめきりはふみきりよりやかましい
つめきりはきれるけど
しめきりはのばせる
くずきりはあまいのに
しめきりはそんなにあまくなかった
こうしてきょうもひがくれる

——金子茂樹

全部開いていることで、視覚的にも不思議で興味深いです。リズミカルでユーモラスなのですが、浮かんでくる光景はリアルでギャップが面白いです。（村田沙耶香）

第四章

〝推し〟への愛

Q
16

ついにこの日がきた。
推しがデビューする。
ただただ嬉しいはずなのに、
胸の奥がちょっぴり締め付けられる。
この気持ち、なんて言う?

たくさん愛してもらいなさいな。
貴方は世界一魅力的です。
私は、「その他大勢」に還ります。

――ヒャダイン

世界一魅力的なことは私が知っている。だけど、私はあなたにとっての特別からその他大勢に還りますよっていう気持ちです。

遠くなるほどに
近くなる
この手をはなさないでいてね

――吉澤嘉代子

自分がインディーズからデビューした時に、「嬉しいんだけど、遠くなっちゃうようで寂しいな」っていうメッセージをファンの方からいただきました。その時に、大きくなればなるほどたくさんライブができたり、たくさんCDが出せたり、もっとあなたの近くにいられるんだよってことを言いたかった。密かに抱いていたその時の気持ちを思い出して書きました。

添え

――小沢一敬

今までみたいにはもう推せない。だけど触れていたい。だからもう推しとは言えない、添《そ》え。

Q
17

動画サイトで偶然見つけてからはや3年。
密かに応援し続けてきた彼ら、
まさかこんなところまでくるなんて、すごい!
「お、この人たちいいっすね。僕も半年前から目をつけてたんすよ」
彼らがすごいのを知らないわけがないじゃん。
私のほうがずっと前から見てきたんだよ!
この気持ち、なんて言う?

恥だった単語を
今はみんなが
吐いている。

――村田沙耶香

自分が大好きなものが一般的には恥ずかしいものだった時、口に出せず、同じものを好きな人がすごく汚らわしい人間として扱われることがあったとして、時が経ち、みんな平然とその言葉を使うようになるのは不思議だなと思います。

嫌いな私が顔を出した。
そんな私も呆れる私も
また私。

――川谷絵音

嫌いなんですよ。そうなる自分も。でもそれも自分だし、俯瞰《ふかん》でその自分に呆れている自分もまた自分なんだよなーっていう、相手というよりも何クソと思った自分が恥ずかしい。

にわか雨は
とおり雨

——小沢一敬

ファンの世界に「にわか」もないと思っているけど、急に出てきたファンって結局通り雨ですぐにやむだろうなとも思う。

ついにこの日がきてしまった。
私の推しが引退する。
もうあの姿が見られないなんて。
明日から世界が変わってしまう。
この気持ち、なんて言う？

Q
18

やめてくれ、何度も、
何度も思った、
何に対してかはわからない。
やめてくれ、
あたしから背骨を、
奪わないでくれ。
推しがいなくなったら
あたしは本当に、
生きていけなくなる。

——宇佐見りん
『推し、燃ゆ』（河出書房新社）

ラストの2文がすごくいいですよね。アイドルに課金すると「お金を貢《みつ》いでいる」って言われますよね？　でも、ファンの方に言わせると、推しに貢いでいるんじゃなくて、「自分の人生に貢いでいるんだ」と。自分が健《すこ》やかな人生を過ごすためには推しに存在してもらわないと困るから、自分の生命維持のためにお金を出しているということなんです。（ヒャダイン）

あの1回。
最後にこの目に焼きつけた
あの1回。
何百万回再生ではない
あの1回。
ファンに引退はない。
今日もあの偉大なる姿に
背中を押される。

――金子茂樹

「あの1回」の繰り返しに、思わず自分の記憶が引きずり出されてしまいます。（制作班）

色々思うことあるのに、
私、ずっと「ありがとう」しか叫んでなかった。
そういうことなんだろうな。ね。うん。
産まれてきてくれてありがとう。
私は感情を知ったよ。ありがとう。ありがとう。

——ヒャダイン

それまで平凡な毎日だったのが、推しを見つけると「SNSを更新してくれたら嬉しい」「更新してくれてなくて寂しい」か、「交際報道が出たら悔しい」と、色んな感情が動くようになるんですよね。ファンの方々のTwitterを見たり、解散コンサートを会場で見たりしたら、みんなやっぱり「ありがとう」なんですよね。それによって私の人生は潤いましたと。

第五章

つながりの中で

Q 19

今日は高校の同窓会。
友達に会うのは数年ぶり。
あの時はみんな一緒だったけど、
今もあの頃みたいに上手く話せるかな。
久々に会うのが嬉しいような怖いような――。
この気持ち、なんて言う?

服装にもメイクにも
いつもより数倍気を配りながら、
自分は今誰に向けて外見を
整えているのだろうかと思う。
気になっていたあの人だろうか、
見下してきたあの人だろうか。
それとも、過去の自分だろうか。

——朝井リョウ

女性を主人公にしたのは、身支度の段階が男性よりも多そうだからです。とくにメイクは細やかな差をつける作業なので、「自分は何のために頬を光らせているんだろう……」みたいに我に返る機会も多いのかなと。もちろん人の目が気になって自分を整えていくんですけども、じつは、なんの力もなかったあのころの自分に会いに行くのが同窓会のような気がします。

蒸した大気に滲みでる汗と、
もう一種べつの汗に肌をしめらせ、
私は水の膜を掻くようにして
目的の店をめざした。

——森絵都「むすびめ」（『出会いなおし』文春文庫）

「もう一種べつの汗」っていうのが何なのか、みんなわかるところがいいですよね。私は、読みながらいつしか自分の人生の記憶を差し出してしまうような文章が好きなのですが、これはまさにそのケースです。水の膜を掻くようにして、という身体的な比喩も併せて、感覚が刺激される文章です。
（朝井リョウ）

Q20

久しぶりに高校時代の友人と再会。

いつも放課後にカラオケに行くのが、
お決まりのコースだった。

あの頃のように久々にカラオケに誘った。

「カラオケ行く？」

「あー、キャバクラ行かね？」

なんだ？　この違和感——。

この気持ち、なんて言う？

なんでこんな話合わないのに、
集まってんだろうね私たち？
会いたいって気持ちが、
一緒だからだね。

――綿矢りさ

本当に話が合わないけど、なんとか連帯したいと思っている時に最後に出てくる言葉なのかなと思いました。次があるのかわからないけど、とりあえず集《つど》いたいという気持ちはみんな一緒だったんだ、ということを再確認している。

何言ってるか正直分からないけど、
勧誘してこないだけマシと思おう

――綿矢りさ

大人になると利害関係で呼び出されることも多い。飲んだあとにそういう話が出てこないってことは、少なくともお金とか絡まずに会いたかったんだと思って、それを心の救いにする。

結婚した友はいかにつとめても、
もはや昔どおりの友ではない。
男の魂にはもうかならず
女の魂が交じっている。

――ロマン・ローラン／豊島与志雄訳『ジャン・クリストフ』（岩波文庫）

主人公は友情も愛情の一つだと思っていて、それをもっとプライオリティの高い愛情に持っていかれたことに対する嫉妬を感じる。（ヒャダイン）

Q 21

久しぶりに友達と飲んで、不意に給料の話になった。

「今の給料は○○にいかないくらいかな？」

「え、あそうなんだ――」

「俺よりもらってんじゃないの？」

「そんなことないって。俺の話はいいよ」

友達の収入が自分よりずいぶん高かった――。

この気持ち、なんて言う？

じゃあその仕事の内容は？
社会的意義は？〝収入〟とは別の
目盛りの物差しを用意しようとする
自分を、力ずくで抑え込む。

——朝井リョウ

学生時代は偏差値、社会人になれば収入を評価軸として考える人が多いです。やりがいや社会貢献度を持ち出して対抗したくなるところですが、実際に持ち出せる人は少ないのではないでしょうか。（制作班）

リーマンショック

――小沢一敬

2008年に世界的な金融危機の発端となったのが、米投資銀行のリーマン・ブラザーズの倒産、通称「リーマン・ショック」でしたね。（制作班）

一緒に走ろうと言われて抜かされたマラソン大会のヨーイドンがきこえた

――吉澤嘉代子

マウントの取り合いとか学生時代にもあったな、って。大人になって別の形に変わってきているんですけど、そういう懐かしい気持ちを思い出して書きました。

いつかはその時が来るとはわかっていた。
いつも一緒にいた親友が結婚する。
ずっと一緒だと思っていた。
幸せになってね。
心からそう思っている。
でもなんだろうこの気持ち。
こみ上げた涙の理由をうまく説明できない。
この気持ち、なんて言う？

Q
22

つないでいた手が
いつのまにか離れて、
別々の道を歩いていることに
気づかなかった。

今はただぽつんと淋しい。

あの頼もしい手が
別の手につながれてしまったことが切ない。

でも、顔をあげて自分の道のこれからを
楽しみに思おう。

いくら悲しんでもいい、
私は私のことを
長い目で見てあげよう。

——吉本ばなな（小説家）

「あの頼もしい手」という言葉で、相手との関係性や相手がどれだけ自分を支えてくれる存在なのかがうかがえて、物語が浮かんできます。文章をぱっと見た時に優しい、美しいと思えるのは、「つないでいた」「つながれてしまった」が平仮名だったりするから。そういうところに、優しさとか温かさとか意味の広がりが表れている。

（吉澤嘉代子）

お母さんと話していると最近思うことがある。
お母さん、今の私と同じ年齢で私を産んだんだよな――。
この気持ち、なんて言う？

Q
23

高校球児。サッカー日本代表。
箱根駅伝のランナー。
オリンピックの金メダリスト。
ごくせんのヤンクミ。サザエさん。
今では誰もが、今の私よりもずっと
子どもでいていい場所に立ったまま、
大人の目をして
こちらをじっと見つめている。
そして、すぐ目の前には、
追い抜きたくない最後の影がある。

――朝井リョウ「逆算」(『何様』新潮文庫)

この小説の主人公は、親が自分を産んだ年齢が近づいているのに自分にはなんの人生経験もない、と悩んでいます。

「結婚」や「出産」って、人生年表の中の一つの点のようですが、本当はとても長い線ですよね。大抵の場合、相手と出会って、本気で向き合う時間を経て、という前段がある。羅列したキャラクターが成し遂げていることも、ものすごく長い線があってのこと。そんな長い線が始まる予感さえ抱けない自分って、という不安を表したのがこの文章でした。

また、自分が経験していないものを経験している人は、年下であっても大人に見えます。そのような若者に自分の未熟さを見抜かれているような被害妄想的な感覚を、「大人の目」という言葉を使って表現しました。

こんなに心細い腕で、
頼りない胸で、ちいさな私を抱きしめていたんだな
正解と不正解に戸惑いながら、
一日が無事に終わることを奇跡のように祈りながら、
お母さんはお母さんになった

――吉澤嘉代子

これはもうノンフィクションで、私の母に宛てて書こうと思ったものです。母が私を産んだのが24歳で、もし子どもを授かることがあったら本当に不安でいっぱいだっただろうなと思います。よく「母は強し」って言われますが、その言葉にはすごく違和感がある。お母さんが赤ちゃんを産むのではなくて、一人の女の子がもう死に物狂いで産んで、育てて、お母さんになったっていうことだと思います。

地方から東京の会社に就職。

一人ぼっちじゃないけれど、時々落ちつかない。

今日も取引先へ――。

「○○さんご出身はどちらですか？」

「高知です」

「え、僕もです！」

東京で同郷の人と出会うなんて――。

この気持ち、なんて言う？

Q
24

たった1つの共通点を
見つけただけなのに
その人の大半を知った気に
なってしまうのはなぜだろう。

――小野花梨

同郷出身というのは、とっても大きなことに見えて、実際はたった一つのような気もする。その一つの共通点を見つけただけなのに、なんでこんなに安心感を覚えて、どうしてその人のほとんどが自分と一緒みたいな錯覚に陥るんだろう。そこが不思議になって書きました。

合言葉を伝えあう
東京がたちまち
異国に変わる

――吉澤嘉代子

共通言語を見つけた時に一瞬その二人の世界が閉鎖的になる。東京がずいぶん遠くまで来てしまった場所なんだなって感じることがあるというか、バババババとここまで来た道が流れてくるようなイメージで書いてみました。

熟れているのか腐っているのか、
身体の中にあるバナナの黒い
斑点のような部分に
そっと手を添えられた気がした。

――朝井リョウ

滋賀県の図書館へ講演に行った時に、車を運転してくれていた方が、「この中学校はある芸能人の方の出身中学なの」って教えてくれたんです。それで、「あ、そうなんですね」って返事をしたら、「でも隠してるんだけどね」って。隠したいパターンもあるんだなって、今回はそちらを書いてみました。

第六章

感謝・嫉妬・後悔

Q25

お世話になった先輩が引退することになった。
何か言わなきゃ。
「先輩、本当にありがとうございました！」
（「違う、それだけじゃない」）
もっと「ありがとう」以上のことを言いたいのに――。
この気持ち、なんて言う？

できそこないの私を
世界でいちばん愛してくれた。
だから私は、残された今生を
精いっぱい生きなくてはならない。
彼女がここまで大切に
守ってくれた以上、
私は私を大切にするしかないのだ。

――村山由佳『猫がいなけりゃ息もできない』（集英社文庫）

私が亡くして一番ショックだったのは、飼っていた猫でした。恋人であり同志であり、親でも子でもあるような存在。半身もがれたような気持ちになりました。どういう風に考えたら私はこの先生きていけるんだろう？　苦しんだ末の覚悟、見つけた答えがこれだったんです。

恩人としての顔を
君は見せたためしはなかったが、
喜びにつけ悲しみにつけ、
君の徳が僕を霑《うるお》すのを
ひそかに僕は感じた。
（中略）
僕は君と生きた縁を幸《さいわい》とする。

――川端康成（「親友への感謝」〈横光利一へ〉）

川端康成がともに文学界を盛り上げた横光利一（1898〜1947）の葬儀で、弔辞《ちょうじ》として読み上げた「親友への感謝」。（制作班）

時々のぞく友人のＳＮＳ。

「また旅行したんだ」

「ネイル、私も行きたいな」

「え、これがランチ？　すごっ」

別に今の生活が不満なわけじゃない。

でも人のキラキラした生活を見るともやっとする。

この気持ち、なんて言う？

Q
26

私が今笑っているか泣いているのかが
私にしかわからないように
あの子のほんとうの笑顔も涙も液晶は映さない

——吉澤嘉代子

SNSって、白雪姫に出てくる魔法の鏡のように自分が見せたいもの、自分が見たいものを見てしまうので、表に出る仕事をしていると、悲しい時に悲しい、助けてってツイートできない。泣きながら次のライブ告知をしていることもあるし、そこの一面だけでは何も判断できない、としか思えなくて。

文章を書く時、漢字はやっぱりその文字自体に形があって意味が付随します。でも平仮名はフラットなので、ちょっと曖昧にしたいところとか、何かたくさんの意味を持たせたい時に平仮名を使う。ロマンチックなイメージだったり、怖いイメージっていうのをガツンと出したい時は漢字にしたりしています。

短い短い言葉で
紡ぎ出される毎日の記録は、
余分な部分が削げ落ちているから、
一口でもうお腹いっぱいになるくらいに、
濃い味がする。

——朝井リョウ『何者』（新潮文庫）

この作品は就職活動のシーンが多く出てくるのですが、それは、SNSの普及によって言葉の簡略化が進んだことと、たった数十分で自分のすべてを相手に伝えなければならない面接がどこか似ていると感じたからです。ポイントは、それを「濃い味」と表したところでしょうか。

SNSでも面接でも、都合の悪い部分は全て削ぎ落として、生活や自分の良いところだけを良いふうに見せることができます。そういうものに触れて純粋にすごいなと思える日もあるけれど、ネガティブな気持ちが爆発する日もある。「一口でもうお腹いっぱいになるくらいに濃い味」と表現することで、プラスの感情もマイナスの感情も内包したかったんです。

青年があんなでは駄目だと考えたり、
またあんなにもなって見たい
と思ったりして、
今日も二つの矛盾からでき上がった
斑《まだら》な興味を懐《ふところ》に、
彼は須永を訪問したのである。

――夏目漱石『彼岸過迄』(新潮文庫)

「斑な興味」という表現で感情が絵的に示されている。(吉澤嘉代子)

やっちまった――。
やめときゃよかった――。
やらかしたことが頭から離れない。
眠れないほど苦しいこの後悔――。
この気持ち、なんて言う?

Q
27

今さらどれだけ悔やんでも、
時は巻き戻せない。
あんなにも彼女を傷つけた奴を、
二度と立てないくらい
殴りつけてやりたいのに、
それが自分だというのが
いっそ笑える。
息をするたび、
血の中を無数の針が流れる。
心臓が、ゆっくりと
すり潰されてゆく。

——村山由佳

「いっそ笑える」というのは、常に自分を上から俯瞰して見ているという視点です。

忘れかけると、
怪鳥が羽ばたいてやって来て、
記憶の傷口を
その嘴《くちばし》で突き破ります。
たちまち過去の恥と罪の記憶が、
ありありと眼前に展開せられ、
わあっと叫びたいほどの恐怖で、
坐っておられなくなるのです。

——太宰治『人間失格』（新潮文庫）

「怪鳥」を普通に読めば
「かいちょう」だけど、私なら
「けちょう」と読んでほしい。
「物怪《もののけ》」の「け」として読めば
より魂の暗がりが伝わる。
（村山由佳）

気持ちが文字化け

——小沢一敬

僕は感情が爆発した時に、ダー@!☆♫×△とか記号を入れちゃう。

(石崎ひゅーい)

今日はお休み、日曜日。
掃除をしたらもう午後2時、
映画を観たらもう夕方。
もう日曜日が終わる——。
この気持ち、なんて言う?

Q
28

あすは又、月曜日だ。
あすから又、一週間、学校へ行くんだ。
僕は、かなり損な性分らしい。
現在のこの日曜を
日曜として楽しむことが出来ない。
日曜の蔭にかくれている月曜の、
意地わるい表情におびえるのだ。

月曜は黒、火曜は血、
水曜は白、木曜は茶、
金曜は光、土曜は鼠、
そうして、

日曜は赤の危険信号だ。
淋しい筈だ。

――太宰治『正義と微笑』

自分の寿命を知っている生き物は人間くらいだ、という話を聞いたことがあります。未来があることを知っているから、今目の前にあるものを〝それ〟として受け止められない、という話です。それを「日曜を日曜として楽しむことが出来ない」という一文から思い出しました。著者の人間くささを裏付けるような文章ですよね。

自分が会社員として働いている時に一番憂鬱だったのは火曜なのですが、その火曜は何色なんだろうと思ったら、まさかの「血」。嫌がりすぎですよね。めちゃくちゃ面白いです。また、よく見たら、火曜と金曜はそれぞれ色の種類でもないんです。金曜の度を超えた喜びと火曜の地獄感が本当に伝わってくる表現です。（朝井リョウ）

時計の音が耳につくようになる。
タルップ・ク・シャウス・
タルップ・ク・シャウス、
とその音が雨垂れのように
まわりの事物を少しずつ削りとっていく。
タルップ・ク・シャウス・
タルップ・ク・シャウス。
日曜日の午後にはなにもかもが少しずつ
擦り減って縮尺が少しずつ縮んで見える。

――村上春樹
『TVピープル』（文春文庫）

「タルップ・ク・シャウス」――もし自分が思いついても、読む人がここで止まっちゃうかも、と採用を躊躇《ためら》うような表現です。でもこれを活かすことで、文章に独特の温度が生まれています。そして、最終的に時間というものに対して縮尺という言葉を当てはめることで、全体が引き締まった印象を受けました。（朝井リョウ）

第七章

あの頃

学生時代、嬉しかったことや
夢中になったこと、悔しかったこと。
夢や希望もたくさんあって、
感情が渦巻いていた。
青春という言葉はあるけれど、
そのひと言じゃ語りきれない。
あの頃の気持ち、なんて言う?

Q
29

飛び出す、という言葉を
僕達は体現できる。
十七歳のこの瞬間だけ。

――朝井リョウ『桐島、部活やめるってよ』（集英社文庫）

世の中には、実際の身体性から拡張している言葉というのが多くあります。たとえば「恥ずかしくて顔が真っ赤になる」。真っ赤、というほど顔の色は変わりませんよね。「目を白黒させる」もそうです。そういう表現の一つとして「飛び出す」があると思っていて、いつも、人ってどれだけ急いでても実際に飛び出しはしないよな、と思っていたんです。

このシーンは、クラスで肩身の狭い思いをしている生徒が、共通の趣味を持つ仲間と一緒に、放課後、狭い教室の外へ出ていくという場面です。この立場の彼らなら「飛び出す」をそのまま体現できるんじゃないかと思ったんですよね。

二十歳の自分の
苛立たしさなどは、
標本に針で止められた
昆虫のあがきに
似ているかも知れない。

——伊藤整『青春』（新潮文庫）

昆虫という小さなものに自分をたとえている。そこに自分が標本にしてさらされるものという青春の自己像の不安定さを感じました。また、標本にされるべきという自意識の高さもあり、絶妙な言葉だと思いました。（吉澤嘉代子）

標本って漢字で表すとたった2文字ですけど、「お手本にすべきもの」という意味や、どこか不気味さも含まれている印象がありますよね。こういう、情報量の多い単語というのは、読者の想像力を煽《あお》ります。（朝井リョウ）

黒歴史の玉手箱

——小野花梨

キラキラとかけ離れていたので、箱の中に恥ずかしいことがいっぱい詰まっている。それには蓋《ふた》をして、もう開けない。

Q
30

お母さんもお父さんもなんかウザかった。
何の意味もなくむしゃくしゃした。
口もききたくなかった。
すべてに嫌気がさした反抗期。
あの頃の気持ち、なんて言う?

天井しか見ていなかった。
その日、この身に溜まった、
みっともなさを、
ぐじゅぐじゅとした
緑色の怒りを、
さんざんに塗りたくった白い天井。
ただ毎日、真っ黒になるまで、
感情をぶっかけて。
朝起きて目を開けたら、
あっけないほど真っ白な天井が、
そこに在るから、
また、悔しかった。

――水野良樹

反抗期というテーマで思い出すのが、自分の生活の中では何も変えることができないっていうもどかしさ。結局ベッドで、その日あったすごくみっともないできごととか、腹立たしいことを天井を見ながら再生しているっていう記憶。だけど何も変わっていかないんですよね。朝起きたら同じ天井があるし、「あ、全然これは抜け出せないものだ」って当時の自分は思っていた。それが苦しかったし、悔しかったっていうのを思い出して書きました。

父、家庭の魔王よ、
汝偽善《なんじ》の仮面を
世人《せじん》の目の前にかなぐり
捨てよ！
と私は叫びたいと思う。

——三島由紀夫『青の時代』（新潮文庫）

父親への反抗期を綴《つづ》った文章。「父」という言葉が「魔王」「汝」という表現に変わる部分に、父親への思いを想像してしまいます。（制作班）

最後の試合、負けた。
でもやり切った。
ラストイヤー、最後の挑戦。
すべてを賭けてきた。
だけど、ラストチャンスが終わった——。
この気持ち、なんて言う?

Q
31

敗者の苦味。
今、海藤の選手たちが
味わっているだろう、
あの舌先の
焦げるような感覚を、
おれもまた知っている。

――あさのあつこ
『敗者たちの季節』(角川文庫)

焦げって苦味もあるけどあえて炙《あぶ》ることもある。焦げの旨味とか、そのいいところと悪いところがわかる大人に主人公はなっていて、だからこそこういう表現が出てきたのかなと感じました。(金原ひとみ)

負けてよかったのかもしれない。
いや、よかったのだ。
いまは、
そう思うべきなのだ……。

――沢木耕太郎『一瞬の夏（下）』（新潮文庫）

迷いとか逡巡する気持ちというのがすごいよく表れている文章だなと思います。はたで見ている人なのにどれだけ感情移入しているのかっていう。ほとんど自分のことのように考えている。（金原ひとみ）

これまでの全てが
走馬灯のように思い出され、
この先への絶望と不安が
霧となって立ち込める。
この洗車機から出たら、
どんな景色が見えるのだろう。
いっそこの嵐の中で
消えてしまえば綺麗なのに。

――金原ひとみ

これまでの全てとこれからの不安が立ち込めていて、まだ何も自分の中で把握できない、消化できていない状態を書いてみようと思いました。「綺麗なのに」ってすごく漠然とした言い方です。本人もまだ何もわからないけど、今はまだ消えてしまいたいっていう気持ちも持っている状態です。

第八章

大人になるということ

Q32

いつまでも、どれだけでも
食べられると思っていたカルビ。
追加注文ができなくなっている。
まさかこんな日が来るなんて。
情けないような淋しいような、
もたれているような——。
この気持ち、なんて言う?

久しぶりにあの人を見かけた
変わらない貴方に変わりゆく私
青春の輝きはそのままに
でも、もう貴方じゃないみたい

――吉澤嘉代子

「網の上であの人に久しぶりに会う」という風に擬人化してみました。お見かけした時に結ばれないタイプの人っているなと思って、すごく楽しいんだけど、幸せになれない。ずっと一緒にはいられない。でも、ずっと思い出の貴方だよ、ずっと好きだよ、バイバイって。

9歳、ピーマンを食えるようになった
17歳、ブラックコーヒー
26歳、ビールが美味い。
35歳、カルビがダメかー
さあ、これから何おきる?

——ヒャダイン

食べられなくなったのも成長です。逆にこれまで美味しくないと思っていたものが美味しくなったりもします。今までできたことができなくなってもネガティブに捉えるんじゃなくて、自分のステージが変わっていくという風に捉えるのはいかがでしょうか。

Hey《ヘイ》脂離《シリ》

——小沢一敬

脂が多ければ多いほど食べられない。脂をなるべく離しておきたい。昔はあんなに好きだったのに、なんでこんなに食べられなくなったのか？　教えてほしいよってことで。

私、バーって初めて。
どんな場所なんだろう。
なんかドキドキする。
わーこれがバーなんだ。
大人の世界に一歩踏み入れた。
この気持ち、なんて言う？

Q
33

ドアの向こうの、
架空の東京が
崩れて消えた。

――村田沙耶香

大人の夜に憧れている人物がバーのドアを開けた瞬間、それが現実になる。子どもの頃からの架空の東京が消える。大きくて重いこのドアの向こうは、どういう空間か知りたい気持ちが私にもあります。ドアは想像力を掻き立てます。

揺れる赤い波を見るだけで
酔ってしまいそうな私は
多分すでに赤い顔。

――川谷絵音

スガシカオさんに連れて行ってもらった、初めてのバーの雰囲気に酔ってしまったんです。それで、注がれる赤いワインを見てるだけでさらに酔っちゃった。その恥ずかしさもあって、きっと赤い顔だったんだろうな俺、っていう。

大人の階段は
急すぎて　手すりが
ないと転げ落ちそう

——小沢一敬

手すりというのが「バー」——。

第九章

季節

バイト仲間たちとのバーベキュー。
気になるあの子と行った花火大会。
走馬灯のように蘇る
太陽の光と甘酸っぱい記憶。
そういえば最近セミの声が静かだな。
あー夏休みの課題もやらなきゃ――。
この気持ち、なんて言う?

Q
34

夏の終わりから
秋の初めに移る季節の
いみじい感情が、
しっとりと私のこころに
重りかかってくるのであった。

——室生犀星『性に目覚める頃』

「重りかかる」は造語です。重くのしかかるという意味で、室生犀星の他の作品にも出てきます。「いみじい」は古語からきた言葉で、非常に悲しいや非常に嬉しいなど、心が激しく動いた時に使われる現代の「エモい」に通じる言葉。言葉は変わっても感情のバトンは続くのです。（制作班）

うそ、来週からもう7月!!
早い。もう半年経ったんだ――。
この気持ち、なんて言う?

Q
35

いつもいつも
この速度を忘れて
過ごしている。

――崎山蒼志

こういう時間の使い方をしとけばよかったな、ってことがよくあります。時間が意外と早く過ぎることをなんで毎回忘れるんだろうなって。

今年はもう前半で疲れている

――綿矢りさ

「まだ6月か――」みたいな気持ちもちょっとあって、あと半分残っているのかと思ってしまうのが、もう前半で疲れている、っていう風な気持ち。自分を傍観して見ているので、今年もなんとか乗り切れる。

「はい、何も為しませんでした〜」

定期確認日

——ヒャダイン

一年の初めって抱負とかを決めますよね？　でも半分くらいまできて何一つもできていないことで自己嫌悪に陥る。「ぼちぼち行こうか」という気持ちになれたらいいんですけどなれない。そこでまた自己嫌悪に陥る。

今日はずっと楽しみにしていた花火大会。
わー、とってもきれい。
そしてとうとう最後の花火――。
あー、終わっちゃった。
この気持ち、なんて言う？

Q
36

非日常が死んだ。
日常はまだ死んでいる。

――村田沙耶香

自分の文学イベントとか海外の文学フェスティバルに参加した時、こういう気持ちになりました。イベントが終わると非日常が死ぬ感じがするのですが、終わった瞬間に日常が戻ってくるわけでもないので。そこには空白の時間がある気がして、その時間を思い浮かべて書きました。

脂が乗った瞬間に、溶けていく何かを
見つめることしかできない
自分がもどかしい。

――川谷絵音

ライブとかで一番脂が乗る瞬間があるんですけど、終わってしまったからやる機会がなくなる。溶けていく何かの正体はわからないけど、その何かを見つめることしかできない。せっかく積み上げたものを披露する機会がない、みたいな感覚があってこう表現しました。

花は散った後、種を残す
心の庭にまかれた種に
栄養を与えないとね

――小沢一敬

花火ってバンって広がった時に終わりなんだけど、あれは種が蒔かれたと思うようにしていて、明日からは種が育つような生き方をしようっていう。最後だからいいことを言いたい。

第十章

特別インタビュー

言葉にする技術

言葉にするのが苦手、うまく言いたいことを伝えられない——。
そんな悩みを持つ人は少なくない。
本章では、番組にも登場した
言葉のプロたちに言葉の持つ力、表現の味わい方、
言葉に親しむコツを語ってもらいました。

武器としての言葉をたくさんインストールする

小説家・朝井リョウ

◆時代が変わってもみんな「言葉」は好き

若者の本離れ、と言われて久しい世の中です。でも、今の若い人も、言葉そのものはすごく好きなんじゃないかな、と私は思っています。

たしかに本という物質からは距離が離れていると思いますが、言葉そのものから離れている感じはしません。日本語ラップのブームもあり言語表現への注目度は上昇している気がしますし、キーワード的に流行《はや》る言葉もたくさんあります。言葉自体への愛着は、昔と変わっていないんじゃないでしょうか。

今後もし、ＳＦのように頭の中で考えていることが他人の頭にそのまま転送できる技術が広まれば、その時は本当の「言葉離れ」が起きるかもしれません。だけどまだしばらくは、私たちは言葉を介してコミュニケーションをするしかないんだと思います。だからむしろ、言葉からは離れたくても離れられない、というか。

私自身は、幼い頃から言葉の力に強くひかれていました。親に連れて行ってもらった図書館でも、大人向けの本を読みたくて仕方がない子どもでした。

もちろん、いざ読んでみても内容は全然理解できません。でも途中で諦めるのは負けた気がするので、無理やりでも最後まで読もうとするのです。

大人の本には、子ども同士では使わない表現があったり、思いもよらない言葉で日常的な事物が描写されていたりします。そういうところがすごく刺激的でした。

たとえば、「低い声」を表現しようとした時、「地を這《は》うような声」と書いてあったら「低い」に加えて、怖いイメージも伝わってきますよね。直接的に書くより伝わるものが多い。そうした表現の面白さに興味をひかれたのもあって、長らく「低い」ものを「低い」と表現したら負け、みたいな気持ちがありました。

◆読者との「共犯関係」を築く

比喩には、読者を文章に対して能動的にさせる力があると思っています。たとえば、すぐに消えてしまうものを「花火のように消えた」と表現したとします。すると読者は、自分の記憶の中にある花火の映像を思い浮かべるはずです。もしかしたら花火を一緒に観た人や、その時の気温なども思い出すかもしれません。これが「線香花火のように」だと、もっとパーソナルな記憶に繋がりそうです。比喩や、少し飛んだ表現のようなものがあると、読者はそこに自分の人生経験を差し出しながら意味を補塡《ほてん》することになります。文章に能動的になるのです。

逆に、「夏は暑い」と書いたところで、読者は能動的になりません。あまりに当然のことなので、自分の人生から記憶を差し出す必要がないんです。でも、「夏のコンビニは寒い」だと、夏の強い冷房の寒さ、というやや個人的な記憶になるので、蘇るものがあると思います。本と自分の接着面が増える感覚といいますか。その接着面が増えるほど、作品に夢中になっていく気がするのです。

私自身、そうやって読まされた本は記憶に残っています。能動的に想像させられた分、身体的に表現を味わった気持ちになるんですよね。

海外の文学作品だと、やはり生活環境などが違うので、いくら自分の人生を差し出したところで、「この比喩、全然わからない」ということもあります。そのわからなさも楽しむ、みたいな感じですね。日本の小説は、作者と読者がお互いの人生を差し出し合って補完し合う一種の「共犯関係」が成立している気がします。

ただそれを意識するあまり、ついやり過ぎてしまうのが悩みの種です。デビューしてしばらくの間は、我ながら本当に過剰だったと思います。比喩がすごく好きだったので、たくさん入れていました。

比喩って、効果的なものが1ページか2ページに一つあるぐらいのほうがむしろ輝くんです。デビューから何年も経ってようやくそう感じられるようになりましたが、当時は、安易な表現はダメ、全部凝《こ》らなきゃみたいな気持ちがあったんですね。

◆言葉にするのは「輪郭を引く」行為

言葉にするというのは、物事に輪郭を引く行為だと考えています。虹だって、七色というけれど、何色ともいえないグラデーションの部分が多いですよね。言葉にするというのは、ああいう部分に無理やり線を引いてしまうことでもあると思うんです。だから「感情」や「現象」を言葉で表す時、いつも、取りこぼした部分ばかりに目がいきます。「感情」や「現象」は、殆《ほとん》どの部分がグラデーションなので。

一つの作品を書き終えると、完結の喜びよりも、取りこぼした「感情」や「現象」の山にショックを受けます。それを次の作品で掬《すく》い取ろうとする、だけどまた新たに何かを取りこぼす、それを次の作品で——こういうことを繰り返している感覚です。

さらに言えば、あえて言葉にしないほうがより多くのことが伝わる場合もある。

たとえば、小説で戦争の怖さを伝えようとした時、大量の犠牲者が出る残酷なシーンを克明に書く、という方法があります。一方、帰還兵が戦場で見たものを何一つ頑《かたく》なに語ろうとしない、というシーンもありえます。

比べてみると、後者のほうが恐怖が伝わってきたりするんですよね。語らないことで恐怖を表現する。言葉を尽くすばかりが表現ではないのだと、常々思います。

◆言葉の選択肢をわざわざ減らすことはない

近年では、小説や漫画などのフィクション内での表現への規制も強まっています。議論の只中にある問題だと思いますが、個人的には、「これはひどい意味を持つ言葉だから」という理由でその言葉自体を規制したところで、臭いものに蓋をしただけというか、本質的な意味での解決にはならないと感じます。逆に、規制したくなるような言葉をバンバン使う登場人物が出てきた時に自分はどう思うのか、それを考える機会が失われます。「この言葉は人をこんな気持ちにさせるのか。じゃあ実生活では使わないようにしよう」と自分の頭で判断するのと、「この言葉は規制されているから使わないようにしよう」とルールに従う形で判断するのは、たとえ結果が同じでも全く別の話だと思うんです。確かに規制すれば、ひどい意味を持つ言葉自体は消えるかもしれないけれど、その言葉が生まれた文脈や、その言葉を生むに至った人間の感情は残り続けます。そこから目を逸《そ》らさないことが大切なのではないでしょうか。

また、生きていると、自分の気持ちをできるだけ正確に訴えたり伝えたりしなければ、自身の尊厳を保てない状況に陥ることがあります。そういう時のためにも、言葉の選択肢は一つでも多く持っておいたほうがいいと思います。たとえそれがすごく汚い言葉であったとしても。2・5ではなく2・49という解像度で物事を伝えなければならない時、最大の助けになるのは言葉の選択肢の多さだと思います。

◆中身勝負の時代だからこそ

人間の歴史と言葉の歴史を比較したら、当然前者のほうが長いはずです。人間が生まれて、そのあとに言葉ができた。なので、言葉では表しきれない人間の営みが多くあるのは当然のことだと思います。

私は言葉に対して、ものすごい力を感じるのと同じくらい、とんでもない無力感も抱きます。小説を書けば書くほど、言葉で表すことができない感情や現象のほうが多いというのを思い知らされるからです。

でも、それでも私たちは当面の間は言葉とともに生きていくしかない。他に伝える手段を持たない。ならばせめて、扱い方を多く学びたいという気持ちがあります。

Vチューバーに詳しい友人と話していると、いよいよ人の外見が無関係の時代が来たんだなと思わされます。誰でもどんな姿にもなれる、勝負のポイントはトーク力。喋り言葉でどれだけ人を魅了できるか、という時代に入っていますよね。

こういう話を聞くと、肩書や外見がどんどん意味をなくしていく未来を想像します。もし、誰もがメタバースのような仮想空間でアバターを利用して交流するようになれば、国籍、性別、年齢、ルックス、すべて自由に選べるわけです。本来の自分とはかけ離れた自分として生きていく世界では、問われるところはもう中身しかありません。そして、その中身は、今のところ言葉でしか表現できない。

そういう意味でも、たくさんの言葉や表現をあらかじめ自分にインストールしておくことは、一つでも多くの武器を仕入れることに近いと思います。そう考えると、分厚い本をじっくり読むことは、むしろコスパがいいことに思えてきませんか？

◆「詠み人知らず」の言葉を生みたい

番組でも少しお話ししましたが、私にとって小説のタイトルは、「決まっていれば勝ち」と思えるほど重要で、作品の指針となる北極星のような存在です。とはいえ、デビュー作の『桐島、部活やめるってよ』というタイトルがネットなどで一種の慣用表現のように使われるようになったのは、私にとっても予想外の出来事でした。

私の作品を読んだことがない人でも、「○○、○○するってよ」と「○○」の部分の言葉を入れ替えて使ってくれるのは、じつはすごく嬉しいことです。

以前、ある著名なシンガーソングライターの方が、「詠み人知らずの言葉を生みたい」というお話をされているのを耳にしました。自分の死後、誰が作ったかわからなくなっても残るような歌詞を書けていたら本望、と。

もし、私の仕事でそれがあり得るとしたらこのタイトルかもしれません。私の名前が残らなくても、「○○、○○するってよ」という構文だけでも残ってくれたら、作家冥利《みょうり》に尽きますね。

言葉にして吐き出すことで自分を保つことができる

小説家・金原ひとみ

◆言葉は霊的なもの

　私は『デクリネゾン』(集英社)という小説の中で「言葉は霊的なもので、この世に存在するどんな事物よりも奥深くまで自分に侵入し支配し良くも悪くも己を変化させる恐ろしく、また尊い存在なのだ」と書きました。これは、普段仕事をする中で常々感じていることを凝縮した文章です。

　小説家になる前の私は、言葉をコントロールするというよりは、言葉のロデオに乗っているかのようで、どこか振り回されていました。デビュー後は、自分が書いた小説をいろんな人に読んでもらったり、編集者や校正者からの指摘を受けて考える機会が増え、言葉とじっくり向き合うようになっていきました。その末に行き着いたのが「言葉は霊的なもの」という境地です。

思いを言葉にする、あるいはストーリーを作っていく過程では、自分には何が書けて何が書けないのかという境界線を探ることになります。もちろん常にそこを突破し続けたいとは思っていますが、絶対的に書けないジャンルやテーマはあります。なので、それを探ることは、自分自身が何者であるかとか、どういう状況に置かれているのかなど、生きていく中で必要になる答えを見つける道程でもあるのです。もちろん人によってその答えに辿り着く道筋は色々あるのでしょうが、私にとって一番見つけやすい道筋となったのが小説でした。日常の言葉や身体感覚だけでは補えない部分を担《にな》ってくれるのです。

言葉は単なる情報伝達の手段ではありません。具体的な内容を伝えるためだけの音の連なりなら、動物の鳴き声と同じです。ですが、人の言葉はそれだけに留まりません。「霊的」とはそれを踏まえた表現であり、言葉と言葉の行間、込められている感情をいかに読み取り、言葉によって紡《つむ》がれてきた文化をどれだけ信じられるかということを問うています。

たとえば、本という形で残された言葉によって、数百年前はもちろん、それよりもっと前の口承されてきた物語にさえつながることができ、死者との対話も可能です。時間や場所に捉われず、あらゆる人とつながることができる、それは言葉という共同幻想があるからで、その国や時代、言語を超えた共同幻想を双方が信じることによって、初めて「伝わる」という奇跡が起こるのだと思います。

◆言葉にすることで生の輪郭を得る

普通に生活してるけど、なんとなく現実に触れられていないような感じがする――。生きている中で、今自分に何が起こっているのかがわからなくなる――。

私は人生の中で、こういう感覚を繰り返し感じてきました。体験を言葉や小説に落とし込む行為を経ないと、起こったことを現実的に感じられないのです。

たとえば妊娠／出産の経験も小説に書くまでは、「なんなんだこれは」と戸惑うばかりで消化できず、ただひたすら目の前の出来事に対処していくしかありませんでした。体験だけでは実感にならず、言葉によって輪郭を認識することでようやく「現実」として固まっていきました。

全ての人に多かれ少なかれ同じような経験はあるだろうし、日記やブログ、「Twitterなども恐らくその乖離《かいり》を埋めるために進化してきたツールなのだと思います。もちろん書いた瞬間、文章内の「私」と実際の私が乖離してしまうという「書くことによる乖離」も生じてはしまうのですが。

最近の本だと、先般お亡くなりになった山本文緒《やまもとふみお》さんのエッセイ集『無人島のふたり』（新潮社）を読んでいた時にも感じ入るものがありました。

ガンに罹患《りかん》し、余命宣告を受けた山本さんは、亡くなる九日前まで書き続けました。〝書くこと〟によって生きてきた人は、どんな状況になっても書きながら生きていくのだと、ごく自然なことでありながら強く心を揺さぶられ、書くことの意味や効用についても改めて考えることができましたし、「書く」人生と「書かない」人生の違いについても、自覚的に考えるようになりました。

◆人生を「なんとなく生きている」にしないために

今も昔も「なんとなく」生きている人は少なからずいますし、それ自体は悪いことではありません。でも、時々人からちょっとした相談を受けることがあるのですが、話している内容がしっちゃかめっちゃかでまとまっていなかったり、自分が置かれている状況をふんわりとしか認識していなかったりで、状況がまったく整理されていないという人が意外に多いんです。文章を書く習慣があれば、もっとスムーズに言語化できるんじゃないだろうかと思うことがしばしばあります。

文章を書く習慣、というのはプロの物書きに限った話ではありません。日記やSNSのようなパーソナルな空間で書くことも含みます。媒体はなんでもいいし、読み手の有無も関係ありません。ただ思っていることを言葉にして吐き出していく。そうした習慣がある方が、多少なりとも生きやすくなるのではないかと思います。体験にとどめておくだけではとても処理しきれない、あるいはもったいないことが、誰の人生にもあるのではないでしょうか。

現実とはすごく生々しいものだし、とても受け入れられないようなこともたくさんあります。でも、そうしたことでも言葉にしていけば、自分の気持ちや相手の言動を客観視できるし、起こったことを多面的に見られるようにもなります。むしろそれをやっていないと、この移り変わりの激しい時代、変に凝り固まった考え方の持ち主になってしまうかもしれません。

今の若い人は漫画すら読まないなどと言われています。ですが、実際にはどうなのでしょう。ＳＮＳなどの利用が盛んになったことで、誰もが言葉や文章とかなり身近なところに生きるようになっていると私は感じています。

だから、まとまった文章を書くこともさほど気負わず、友達にラインを送るような軽い気持ちで書き始めたらいいのではないかと思います。自分自身を顧みる行為、自分自身と乖離して自分自身を観察する行為は非日常的で刺激的なもので、その辺のフィクションよりもずっと面白いかもしれません。

書くということは自分と、他者と、社会と、あらゆるものと向き合う行為です。何か大きな壁にぶち当たった時は、人に話すでもいいし書くでもいいし、踊るでもいいので、何かしらのアウトプットをしてみるのがいいと思います。人にはそれなりに伸縮性があるので過信してしまいがちですが、詰め込みすぎたらいつかはパンクする、そういうものだと思います。

◆言葉に触れ、言葉を生む

表現、ということでいえば、番組内で聞いたさまざまな言葉の中で印象的だったのは、橋本愛さんが言った「心臓にレモンをしぼった感じ」という言葉でした。これは「昔聴いていた曲をふと聞いた時の気持ち」をどう表現するか、というテーマの中で出てきたのですが、まったく新鮮な表現なのにみんなの心にストンと落ちる、すばらしい比喩でした。

昔からある慣用表現は便利ですが、あまりに使い古されていると心が動かなくなるのも事実で、やはり言葉は生物で、常に更新し続けていかなければならないものです。

時代の移り変わりと共に求められるものが変わっていく中で、昔はなかった感情や状況が生まれ、逆に以前は当たり前だと考えられていたものがまったく通用しなくなることもあります。しかも、現代の変化の速度は着実に上がっていっている。そんな中、自分は物事をどのようにとらえたらいいのかわからない、あるいは自分をどこに位置づければいいのかわからない、という具体的な場面がたくさん出てくると思います。

そんな時には、誰のものでもいいから、たくさんの文章に触れてほしいのです。私は小説の中に救いを見出していくことが多いのですが、人によってはそれがSNS上のつぶやきであったり、歌の歌詞だったりもすると思います。

現代人の生活のベースにはパソコンやスマホが当たり前にあり、誰もが常にどこにでもアクセスできます。それは言葉が溢れかえる世界で生きているということです。たまにデジタル・デトックスして言葉から離れるのもいいかもしれませんが、外部からの情報を完全に遮断して生きていくことは不可能です。そんな世界に生きていかざるを得ない私たちは、結局一人ひとりが自分なりの「言葉との付き合い方」を模索していくしかないのだと思います。

人と人はわかり合えない。誤解が生まれるのは当たり前

詩人・最果タヒ

◆**言いたいことはあまりない**

コミュニケーションがずっと苦手でした。

「みんなが言ってほしいことを言わなきゃ」といったプレッシャーや、空気を読まなきゃいけない雰囲気がとにかく苦手で、友達との会話も苦痛だったんです。そう感じていた中学生の時に出会ったのが、インターネットの日記サイトです。

当時はブログという言葉すらまだ生まれていなかった頃で、みんなが勝手に好きなことを、好きなように書いている。そういう世界が「すごくいいな」と感じたことを覚えています。

ただ、2000年代前半は今みたいに中高生がネット上で普通に自分の意見をバンバン発信するような時代ではありませんでした。絵が上手く描ける人や、本をたくさん読んでいる人だけが発信するような、〝発信する側が特殊〟な人という雰囲気があった時代です。

そんな中で子どもの私は何を書いたらいいかわからなかったし、言いたいこともあまりなかった。でもネットで相手の顔色を見て言葉を選ぶのではなく書きたいように書く人が大半であることに憧れがあって、その中に混ざりたい一心でレンタルスペースを借りました。場所があるからあとは書くだけ。何か言いたいことを決めるのではなく、思いつきで一行を書いて、その言葉に合わせて、言葉の流れやリズムに合わせて書いていくようになりました。それは、苦手だったコミュニケーションとは全く違う言葉の使い方で、とても新鮮だし、急激に言葉のことを好きになることができたんです。

昨年から『枕草子』を現代語訳する連載を始めて気づいたのは、清少納言は書いているものに我が強く出ているわけじゃないということです。言葉も内容も、酔ってはいないし、冷静。好きなもの、いいなと思ったことを、清少納言はわりと淡々と書いている。

でもそうして感情やメッセージをぶつけるわけではないからこそ滲《にじ》み出る「心」そのものがたしかにあって、それが『枕草子』の魅力だなぁと思いました。ロマンチックじゃないのにキラキラしている。こんな子がクラスメイトだったらすごく友達になりたかっただろうなと思います。

◆誰かに読まれている気配があった

日記サイトに書き続けていたら、読者から「これ、詩っぽいね」と言われたんです。そこで初めて「ああ、これって詩に見えるんだな」と気づいた。自分が直感で書いている言葉を作品だと捉えていいんだなと知ったのもこのタイミングです。

ノートに書くのとは違って、ネットに書くなら誰かが読む可能性が常にある。人がいる場所で言葉を書いているんだと自覚できることが、私にはよかった気がします。ノートに書いているだけだったら、多分続いていなかった。

私にとって言葉は、自分の内側から吐き出すようなものではない。そうではなくて、自分と他人との間にあるものが言葉、という感覚です。いろんな人がいろんな言葉に持っている印象があって、同じ言葉だとしても人によってどう見えるかは少しずつ違っている。言葉を書くとその細かな違いに触れていけるというか、それら全てを自分の作品に巻き込める感覚になっていました。他人の持っている言葉のイメージに引っ張られたり、自分が予想もしていなかったところに言葉が行く。

言葉に乗せてもらって、違うところへ行ける。

書くことで、自分じゃないものになれる。

それって自分一人じゃ絶対にできないことで、それが面白かったから日記サイトも続けられたし、書いている時が一番楽しいという感覚は、今もやっぱり変わらないです。

◆言葉が輪郭を柔らかくしてくれる

「自分はこういう人間だ」ってわかっているつもりでも、意外と思いも寄らない選択をしてしまったり、他人には自分がどう見えるか聞いてかなりぎょっとしてしまったりする。案外自分のことってわからないものなんだなぁと、ふとした瞬間に気付かされることがあります。一人でずっと何かをしていたり、ルーティンで生活を送っていたりするだけだとなかなかそういう時間が持てなくて、どんどん「自分はこう」と固定して捉えてしまうようになるのですが。でも本当は一人で生きているだけじゃ、自分のことを知ることは難しいのだと思います。

言葉を使って書く作業をしていると、そういう固まった輪郭がふっとなくなるような、柔らかくなるような感じがあるんです。自分で自分を閉じ込めてしまわなくても、言葉が向こう側に簡単に連れて行ってくれる。

締め切り前はもう間に合わないよ、面倒くさいなあ、ってなる時もありますが、いったん書き始めてしまうと「あー、やっぱりこの感覚が一番好きだな」といつも感じます。

自分でも予想外のところに行きたくて言葉を書くので、書いている時「ここらへんでオチをつけたら、スッキリするだろうな」と思うこともありますが、そうした予想に従ってしまうと一気に書くのが退屈に感じるんです。それに、読み手がどういうものを求めているのか先回りして書いてしまったり、この辺でまとめたらいい感じかな？　と予想することは、読み手を矮小化《わいしょうか》してしまうことでもあるなぁと思う。いろんな人間がいて、いろんな読み方があって、私にそれをコントロールすることはできない。そう思って書いている時だけ、書き手としても未知の面白いところに行ける気がします。

◆ちょっとの違和感にも妥協したくない

詩を書き続けていく上で意識していることは、自分が納得できるところまで行けてから出す。当たり前のことではあるんですけど、でも、それくらいかもしれません。乗りに乗ってエッセイを書いている最中に、「あ、まとめに走ったな」って自分でわかる瞬間があるんです。そういう時、「まあいいか」と思わないようにしています。最後まで自分が「どういう結論になるんだろう？」「どういう言葉が出てくるんだろう？」と思っていてほしいです。そのほうが書いていて楽しいはずだから。

書くのはずっと好きです。好きじゃないことや興味がないことについては書けないし、書いても下手になってしまうので依頼は断るようにしています。好きなことについてはいくらでも書けるし、書いたほうが気持ちが動くから、何かを思ったり考えたりする代わりに書いているなと思うこともあります。

書く作業はいつもスマホを使っています。もう7、8年くらいかな。「普段からいい言葉が思い浮かんだらスマホでメモを取ったりするんですか?」とよく聞かれますが、書いてない時に、いい言葉が浮かぶことはないです。書き始めたら出てくるので、書いている。私の場合はそういう感じです。

◆そこに詩があることが、詩になるように

読み手として好きな言葉は何か、と考えたらかっこいい歌詞が好きかもしれません。歌詞って音楽の中に言葉をはめ込んでいるので、ぽんぽんぽんって話が飛びますよね。そこは詩と似ていて、行間がある。すべてを説明するために書かれているのではなくて、わかりやすくないからこそ、言葉の手触りやリズムで感覚的に何かがわかることがあり、そういう言葉に昔から惹《ひ》かれていたしだから詩人になったのかなとも思います。

どんな意味が込められているかより言葉の響きやリズムにときめいていたのは昔からだったので、書く時もそこを一番大事にしています。読むのと同じくらいのスピードで、読むような感覚で書けるといいなと思っていますし、だから書くスピードは早めです。読んでいて自分が心地よく思える言葉を、同じスピードでそのまま書いていけるのが理想です。

それと、詩って、読み慣れていない人にとってはどう読んだらいいかわからないものですし、つい1行ずつきちんと解釈しなければと思ってしまうものなんだなと思うことが多いです。もっと行間の広さに体が浮くような感覚になったらいいのになぁと思っていて、それで昔から、詩として真剣に作品に向き合ってもらうのとはまた違う作品との出会い方が作れないかなと考えていました。街に詩の言葉があったら、それが詩なのかどうかなんてわからないし、不意打ちで出会うことができます。なんなのかわからないけどなんだか好きだなって思える人もいるんじゃないかって考えたんです。

そうした不意打ちの出会いを作りたくて、さいたま国際芸術祭で道のアスファルトに詩を大きく書いたり、部屋全体に詩がデザインされた「詩のホテル」を作ったりしました。日常の中に詩が紛れ込んでいて、ふとした生活の動きの中で詩に出会える。その時に見える言葉は、本とはまた違う姿だろうなって思ったんです。

「最果タヒ展」のような詩の展示は、不意打ちの詩の出会いとはまた少し違うものです。もともと横浜美術館から展示をしませんか？　とお話をいただいたのがきっかけで始まったのですが、展示をするなら、お客さんはその場所まで足を運んでくることになる。ならば、わざわざ来てくれたそのことにも意味が生まれるといいなと思ったんです。たとえば、詩のモビールは、モビールで詩の断片がたくさん吊るされていて、裏返ったり順番が入れ替わったりし続けている。その人がその場に立ち、その時に見たからこそ見える言葉の並びが必ず生まれるんです。そしてその人が「この並びが好きだな」と写真を撮ったりする。その人がそこにいないと生まれない詩、というものが確かに生まれる展示になっていました。

◆言葉で伝え合えないのは当たり前だから

人と人は、わかり合えない。どんなに上手く言葉を使っても、わかったつもりになったり、わかってもらったつもりになったりで、常に誤解がある状態こそが当たり前だと思っています。

でも、言葉を使うことで、その「わかり合えなさ」をどんどん明らかにしていくことはできる。お互いがわかり合えないんだということを、話せば話すほど思い知ることができます。そうやって、他者を「自分ではない人間」として尊重していくのって面白いなと思うんです。共感とは真逆のコミュニケーションです。でもこうしたことができるのが言葉の魅力だと思います。

言葉って数が少ないですよね。その少ない言葉を全然違う大勢の人同士が共有して、交換しあっているのだから、自分の思ったことをそのまま言葉にすることも、自分が選んだ言葉の意味を100%そのまま他人に受け止めてもらうことも不可能に決まっているんです。

「自分は誰にもうまく伝えられないんだ」と気づくことが、言葉ならできる。相手は自分と違う人間なんだなと気づく最初の一歩を、言葉はもたらしてくれるから、だから私は言葉が好きです。

言葉が人を表し言葉で世界とつながる

シンガーソングライター・
吉澤嘉代子

◆言葉にしようとすると涙が出ちゃう子だった

おしゃべりが苦手な子どもでした。今も苦手なことは変わりませんが、今よりもっと苦手で、自分の気持ちを言葉にしようとすると涙が出てきちゃう、みたいな。

読書が好きになったのは、そうした現実から逃げたい気持ちが大きかったように思います。現実から少し逃《のが》れて、物語の世界に浸《ひた》る。それが自分のシェルターになるような感覚がずっとありました。

対面で誰かと話すことは難しい。でも、書くことであれば時間をかけても許される。自分の領域を保ちながら、世界とつながっていける。半分、空想の中で生きているようなぼーっとした子だった私には、読んで書くことはとても自然な行為でした。

そんな恥ずかしがり屋の自分が、人前に立って歌う職業に就《つ》くなんて、今でもなんだか不思議です。

ライブの最中でも「なんで私、こんなにいろんな人を巻き込んで、お客さんの前で歌を聞いてもらっているんだろう?」とふと思ってしまうくらいに。

でもステージに立つ機会がだんだんと増えて、いつしか「この物語のための主人公役を、自分の中に降ろしていくんだ」と考えられるようになってからは、すっと楽に前に出られるようになった気がします。ペルソナを立てることで、自分を切り替えているのかもしれません。

◆嘘は書かない、あとで苦しくなるから

感想を伝える時に大切にしていることは、「いいな」「好きだな」と本当に感じたことだけを書くことです。「本当は別にいいと思っていないけど、いいって言っておこう」みたいなことはしない。あとで自分が苦しくならないように。

歌詞と曲、どちらを先に作るかは人それぞれだと思いますが、私の場合はタイトルから作り始めることが多いです。だから普段の生活の中でも、タイトルになりそうなモチーフや言葉を見つけたら、しょっちゅうスマホでメモしています。

やっぱり生の声は強いんです。以前、友達と一緒にいた時にお菓子を食べていて、たまたま私が最後の1個を「あ、食べていいよ」ってあげたことがあります。そしたら彼女が、「いいの？　お菓子の最初の1個と最後の1個をくれる人、神様」ってポロッと言ったひと言がすごくよかった。

そのフレーズは『グミ』という曲の歌詞で使わせてもらいました。他にも友達の失恋エピソードを聞きながら「なるほど」とメモを取ったこともありますし、自分のライブのあとにはファンの方の声から、「この人の言い方面白いな」と感激したりしています。

誰かに何かを伝える時、難解な言葉とやさしい言葉であれば、私はできるだけやさしい言葉を使いたい。それに平易な言葉で「伝えたいこと」を組み立てるほうが、難しいとも思っています。

◆目で見て美しい歌詞を

口から発されて消えていく言葉と違って、歌詞は文章として残るものです。目で見た時にも美しい歌詞を書きたいし、歌詞全体をパッと見た時にきれいかどうか、という第一印象も大切にしています。

ある単語を漢字にするのか、ひらがなにするのか、といった表記を選ぶことにこだわるのもそうした理由からです。ひらがなはフラットな感じだけれども、漢字はバンッと打ち出される強さがありますよね。すでに形として意味を発している強さ。アルバムのタイトルを四字熟語にするのは、その強さに意味を託している側面があります。

誰かと歌詞を共作する時は、また違うプロセスになるのでそれも刺激的です。

昔からずっと大好きだった歌人の穂村弘《ほむらひろし》さんと共作で歌詞を作った時は、私がまずタイトルとして浮かんだ「ルシファー」という言葉と歌詞をぽつぽつとメールで送って、それを読んだ穂村さんがイメージした言葉をいくつか送ってくれて、私がそこからピックアップさせてもらってまた詞を書いて……というお互いが1行ずつ書いていくみたいな作り方をしたので、「この方法だったらいくらでも歌詞が書けちゃうな」

と感じましたね。

穂村さんや井上陽水《いのうえようすい》さんのように、ユーモア、おかしみがどこかに滲んでいるような言葉が好きです。

◆制約があるからミニマムな世界が鮮烈に出せる

昨年、働く女性の仕事にまつわる短歌を公募した短歌大賞に選考委員として参加させてもらったのですが、その選考会はすごく楽しかったですね。それぞれのミニマムな世界が、その人だからこその視点で鮮やかに切り取られているんです。

私は会社で働くという経験がないまま今日まで来たので、知らない世界を覗《のぞ》けるような面白さがありました。

短歌という短い文字数、制約がある型だからこそ伝えられることもありますよね。短歌で表現したいと思う人たちと同じように、私も制約があるほうが書けるタイプかもしれません。いくらでも好きなように書いていいよ、と言われると逆に書けなくなる。

「どうすれば言葉で表現できるようになりますか？」と聞かれた時は、「自分の好きなものをいっぱい見つけてください」とお伝えしています。好きなことってやっぱり語りたくなるモチベーションがあるじゃないですか？　ギターの練習も同じで、自分が好きな曲を練習すると上達できる。まずは好きなことを語ってみる。シンプルにそこだと思います。

◆子音は肌触り、母音は角度

一方で、小説や詩と違って、私が作っているのは音楽にのせる言葉なので、耳で聞いた時の感触、子音と母音の関係性も意識しています。

私の中で子音は「肌触り」のようなもの。柔らかい、サラサラしている、ダラっとした、なんかニョロニョロしている……歌詞の肌触りは子音の選び方で変わってきます。

対して、母音は「角度」のような捉え方をしています。母音の「あ」「い」「う」「え」「お」で口の開き方が変わりますよね。たとえば、サビのひと言目をあ行にすると、強い印象を与えたり、開いた感じが出せる。

歌詞はメロディと連動させて届けるものですから、曲作りをするようになってからは、そうしたことも意識するようになりました。その言葉が持っている色や温度が表現できるように、レコーディング中はひと言ひと言の発声の抜き方や止め方も大切にしています。

◆全部は語らないし誤解されてもいい

もう一つ、言葉で表現する上での自分なりの作法として、語り尽くさないことも大切にしています。全部を言おうとするとどうしても説明になってしまうので、「ここで留める」と決めて抑えてしまう。

私はいつも主人公を設定して曲を書くのですが、歌詞の最初と最後でずっと同じままの「私」ではなく、ちょっとでも何かが成長しているような曲を書きたいと思っています。それがハッピーエンドでも、バッドエンドでも、何かが一歩前に進めているような、最後にはちょっと違う自分をそこに置いておけるような曲にしたいという気持ちがいつもあるんです。

発表した曲や歌詞の解釈が、作者である自分の意図と違う見方をされてもまったく構いません。私は作者も読者の一人であると思っているので、「この見方だけが正解」とは思わない。作品はどれだけ誤解されてもいい。

◆人類史上、最も活字を摂取している私たち

「若者の活字離れが進んでいる」という言説はよく聞きますが、私は逆に今の若者は人類史上で最も活字を摂取している世代じゃないかなと思います。SNSの登場によって、短い文字数でインパクトのある情報を打ち出そうと考える人がすごく増えましたよね。目から入ってくる文字情報も膨大だし、それを脳がすごい勢いで処理し続けているような感覚がありませんか?

ちょっと検索をかけたら、フェイクニュースもたくさん出てくる。これは裏付けがあるのか、それとも嘘なのかを、取捨選択しなければならない。「自分が信じるもの」をどう決めるかが、常に試されるような時代を生きているんだなと感じています。

そんな時代だからこそ、言葉がその人自身を表すものでもあり、世界とつながる手

段にもなっている。

私自身が「初めて世の中とつながれた」と思えたのは、時間をかけて自分と向き合って出てきた言葉を、歌にした瞬間でした。言葉を歌にすることで、世界とつながることができた。だからこそこれからも自分の心を見失わないようにしたいし、自分の言葉で伝えていきたいなと思っています。

語彙力よりも大事な伝えるための方法

国語辞典編纂《へんさん》者・飯間浩明

◆言葉はとても頼りない道具

言葉とは、第一に、出来事や考え、気持ちなどを相手に伝えるための道具です。「出来事」は「事実」と言ってもいいですね。今日学校で何があったか、世の中にどんな動きがあるか、人生とは何であるか、などといったさまざまな情報を、言葉によってお互いに伝え合うことができます。

あるいは、相手の意見に賛成や反対を述べる。あなたのことが好きだと言う。急におなかが痛くなったと訴える。こんなふうに、考えや気持ちを伝え合うのも言葉の役目です。言葉が非常に役立つ道具であることは言うまでもありません。

一方、この道具にはとても頼りないところがあります。言葉というものは、じつにしばしば情報の伝達ミスを引き起こすのです。この伝達ミスのことを、一般に「誤解」と言っています。

言葉をひと言発しただけで、そこには大小の誤解の芽が生まれます。世代や育ってきた環境など、バックグラウンドの違う人々が集えば、たちまち言葉の取り違えが発生します。あるグループではいい意味で使われる言葉が、別のグループでは悪口にしかならないこともあります。

こうした行き違いは、SNSのように多様なバックグラウンドを持つ人たちが集まる場では、とりわけ起こりやすくなります。ただ、SNSと対極の、ごく私的な関係ならば誤解は起こらないのかというと、そう甘くありません。同じグループ同士、友人や親子同士でも、大きな誤解は起こります。

要するに、人はそれぞれ違う存在なんですね。その違いが言語の伝達ミス、誤解を引き起こすのだ、と言うしかありません。

私たちは、ついつい自分が標準だと思い込んで、「他の人々も自分と同じように考えるだろう、同じ意味合いで言葉を使うだろう」と錯覚することが多いようです。でも、実際には、お互いの言語感覚が食い違うことはいくらでもあります。「言葉は誰もが自分と同じ使い方をしているわけではない」と肝《きも》に銘じる必要があります。

自分と違う言葉の使い方に接すると、「それは誤用だ、自分の使い方が正しいのだ」と考えたくなります。ところが、誤用だと思った使い方も、じつは昔からあったり、一定の勢力を持っていたりします。他人から見れば、こちらの言葉遣いのほうが奇妙だと感じられるかもしれません。

自分の周囲のごく狭い範囲だけを観察している限り、言葉には唯一の正解があるように思えてきます。でも、実際には、言葉はさまざまな人がさまざまな場所で使っています。言葉の多様性を理解するのは大切なことです。「目の前の相手は、この言葉を自分とは違う意味で使っているのではないか」と想像力を働かせるようにすれば、誤解の発生はある程度抑えることができるでしょう。

「自分の言葉だけが正しい言葉ではない」ということは、当たり前のようで、なかなか実感しにくいものです。「それぞれの人に、その人自身の言葉がある」という多様性を理解するにはどうすればいいでしょうか。いくつか方法はあります。

一つは、積極的にいろいろな人と会って話をしてみることです。とくに、自分と異なる仕事や趣味、文化的背景を持つ人と話すことは勉強になります。

あるいは、少し古い文章を読むのもいいかもしれません。親や祖父母の世代の文章でも、今とはかなり言葉が違うし、発想自体が違うことも珍しくありません。「自分以外の言葉」に触れる機会を多く作ってみるといいでしょう。

◆言葉のルールは1種類ではない

言葉でうまく情報を伝えるためには、一定のルールが必要です。たとえば、「本を読む」とは言っても「を読む本」とは言わない。これは文法的なルールの例です。

マスメディアでは、それぞれの社が独自に表記や用語のルールを定めています。記者ごとに言葉の使い方が大きく異なっては混乱が生じるからです。

また、法律の世界では、普段あまり聞かない難しい言葉が使われます。一つ一つの言葉に細かい定義があります。法律は社会を動かすルールであり、高度な厳密さが求められるからです。

一方、一般社会の言葉はどうかというと、単一のルールで律することは困難です。いろいろな社会集団、さまざまな人間関係が存在し、それぞれの事情によって、ふさわしい言葉、使うべき言葉は変わります。場合によっては、硬い文章語よりも、最近の俗語を使うほうがよほどよく伝わる、ということもあります。

たとえば、ある人のものの言い方がずいぶん偉《えら》そうだったとしましょう。教科書的な言葉で表現するなら、「他人を見下したような物の言い方」「高圧的なものの言い方」ということになるでしょうか。でも、さらに簡潔な表現がほしい。そんな時、「上から目線」という言葉がうまく当てはまります。

「上から目線」は21世紀になって広まった言葉で、今のところまだ俗語的な響きを残しています。裁判の判決文に使うことはちょっと難しいでしょう。でも、微妙なニュアンスを端的に表現している言葉でもあります。そのためか、今では新聞記事でも「上から目線」が使われるようになりました。

もし、一般に広く読まれる文章で教科書的な言葉しか使ってはならない、ということになったら、人々の表現の幅は著《いちじる》しく狭くなってしまいます。教科書的な言葉だけでは、伝えたいことは伝えられないのです。

言葉のルールは、時と場合によって変わります。目の前の相手が友人なのか、上司なのか、不特定多数の聴衆なのかによって、選ぶべき言葉は異なります。文章では「見られます」「食べられます」と書く人も、仲間内の会話では「見れるよ」「食べれるよ」と「ら抜き言葉」を使うかもしれません。それはごく自然なことです。

相手が気心の知れた家族や友人なら、ざっくばらんな話し方をするのが「ルール」です。一方、式典などでは改まった言葉を使うのが「ルール」です。つまり、私たちが身につけておくべき言葉のルールは1種類ではないのです。

「ら抜き言葉」のように「いいか悪いか」が論争になる言葉は多くあります。でも、どんな言葉も、使ったほうがいい場面、使わないほうがいい場面があります。あらゆる場面に通用する単一のルールはないのだ、と強調しておきます。

◆語彙力だけでは伝わらない

1990年代ごろから雇用環境が悪くなり、就職活動も難しくなってきました。自分をアピールする方法についての関心が次第に高まりました。

そんな状況のせいもあるのでしょうか、21世紀になると、語彙力についての関心がブームと言えるほど強くなりました。インターネットで「語彙力」が検索される頻度も、何十年かの間に上がってきています。

語彙力をつけるのはもちろん大事なことです。ただ、語彙力が高い人のほうが伝える力があるかというと、必ずしもそうではありません。現在は「語彙力信仰」がいささか強くなりすぎているという印象を持ちます。

簡単な例を挙げましょう。仕事でミスをして、取引先におわびをしなければならなくなったとします。きちんと気持ちを伝えるためには、どうすればいいか。

おわびを表す語彙は豊富にあります。「ごめんね」「すみません」「おわびいたします」など日常的に使う言葉もあれば、「陳謝」「深謝」など堅苦しい言葉もあります。上級編になると、「ご海容ください」などというのもあります。これは「広く海のような心でお許しください」ということで、なかなか含蓄《がんちく》に富んだ言葉です。

とはいえ、その含蓄が必ずしも相手に伝わるとは限りません。「何とぞご海容いただきたく……」と表現に工夫を凝らしても、「海容って何だろう？」と思われてしまったら、その時点でコミュニケーションは不成立です。

それよりは、「心よりおわび申し上げます」という、誰でも知っている言葉で率直に謝ったほうが、よほどいいですね。できれば、「これこれの際に、私の不注意によってご迷惑をおかけいたしました。深く反省しております」と具体的に述べると、気持ちが伝わります。相手が納得してくれる可能性も高まるでしょう。

言いたいことを相手に伝えるためには、語彙力だけでは不十分なのです。むしろ、少ない語彙、簡単な語彙を的確に使うことが大事です。私の場合、「相手が中学生でも伝わるだろうか」ということを基準にしています。

高い語彙力というのは、むしろ、自分が情報を得るために必要なものです。たくさんの言葉が頭の中にあれば、文章を読んで意味が取りにくいということは少なくなります。明治・大正の言葉も多く知っていれば、夏目漱石《なつめそうせき》や芥川龍之介《あくたがわりゅうのすけ》の小説も楽しむことができます。語彙力を上げることが言語生活を豊かにするのは確かです。

その上で、自分が獲得した難しい語彙をやさしく言い換える練習をするといいでしょう。たとえば、「このようなことでは鼎《かなえ》の軽重《けいちょう》が問われる」と言うよりも、「実力が疑われる」と言ったほうがよく伝わります。

◆「言葉が伝わる」という不思議さ

言葉というのは本当に厄介で、選び方一つで伝わったり、伝わらなかったりします。時には小さな思い違いが、大きないさかいを生むこともあります。私は国語辞典を作る仕事をずっと続けていますが、言葉のことでうまくいった思い出よりも、失敗した思い出のほうが多い気がします。

それでも、「これは絶対伝えたい」と思うことが相手にきちんと伝わって、「ああ、よかった」とほっとした経験も少なくありません。お互いが伝えたいことを、音声や文字という手段によって伝えることができるという、不思議さ、面白さ。私はそこに、言葉の最大の魅力を感じます。

絵や写真でも伝えられるじゃないかと思うかもしれませんが、そうではないんです。赤い花の写真を見せられたとして、相手が「きれいでしょう」と言いたいのか、「何という花か知りたい」と言いたいのか、何か言葉を添えてもらわないとわかりませんね。絵や写真は情報量は多いけれど、その情報のうちどれを伝えたいのか、どう伝えたいのかを表現するためには、やっぱり言葉は不可欠です。

伝えるために必ずしも語彙力はいらないと言いましたが、ちょっとした短いひと言が、相手の気持ちを溶《と》かしたり、不安を和《やわ》らげたりすることもあります。多くの言葉を費やさなくても伝わる瞬間があるのです。

人類が言葉を獲得したのは何十万年も前、一説には100万年以上も前と言われます。よくこんな不思議なものを発明したものだと思います。私はその不思議さ、面白さに取りつかれて、言葉の仕事がやめられないのでしょう。

◉言葉のプロ・出演者

朝井リョウ（あさい・りょう）
小説家。2013年に『何者』で直木賞受賞。2021年に『正欲』で柴田錬三郎賞受賞。

あさのあつこ
小説家。1997年に『バッテリー』で野間児童文芸賞受賞。『NO．6』『弥勒』シリーズなど。

飯間浩明（いいま・ひろあき）
国語辞典編纂者。『三省堂国語辞典』編集委員。『辞書を編む』『日本語はこわくない』など。

石崎ひゅーい（いしざき・ひゅーい）
シンガーソングライター。感情をまっすぐに伝える歌詞が魅力。多数のアーティストに楽曲提供も。

伊藤整（いとう・せい）
小説家、評論家。1905〜1969。「チャタレイ夫人の恋人」や「小公女」の翻訳などでも知られる。

井伏鱒二（いぶせ・ますじ）
小説家。1898〜1993。1937年『ジョン万次郎漂流記・その他』で直木賞受賞。『山椒魚』『黒い雨』など。

宇佐見りん（うさみ・りん）
小説家。2020年に『推し、燃ゆ』で芥川賞受賞。『かか』『くるまの娘』。

江國香織（えくに・かおり）
小説家。2004年に『号泣する準備はできていた』で直木賞受賞。『きらきらひかる』『泳ぐのに、安全でも適切でもありません』など。

小沢一敬（おざわ・かずひろ）
お笑い芸人。数々の〝あま～い〟名言を生み出してきたSEKAI NO OZAWA。

小野花梨（おの・かりん）
女優。連続テレビ小説「カムカムエヴリバディ」でも注目。大の読書好き。

開高健（かいこう・たけし）
小説家。1930～1989。1958年「裸の王様」で芥川賞受賞。『輝ける闇』『オーパ！』など。

金子茂樹（かねこ・しげき）
脚本家。2020年『俺の話は長い』で向田邦子賞受賞。『プロポーズ大作戦』『コントが始まる』『大河ドラマが生まれた日』など。

金原ひとみ（かねはら・ひとみ）
小説家。デビュー作『蛇にピアス』で芥川賞受賞。2021年に『アンソーシャルディスタンス』で谷崎潤一郎賞受賞。

川谷絵音（かわたに・えのん）
ミュージシャン。『indigo la End』『ゲスの極み乙女』など5バンドを率いる。聴く人に余白を残す歌詞が特徴。

川端康成（かわばた・やすなり）
小説家。1899～1972。1968年にノーベル文学賞を受賞。『伊豆の踊子』『雪国』『古都』など。

最果タヒ（さいはて・たひ）
詩人。２００８年、『グッドモーニング』にて中原中也賞受賞。

崎山蒼志（さきやま・そうし）
シンガーソングライター。４才でギターを始め、小６から作曲を始める。独自の言語表現で注目を集める。

沢木耕太郎（さわき・こうたろう）
ノンフィクション作家。代表作に『深夜特急』。１９７９年『テロルの決算』で大宅壮一ノンフィクション賞受賞。

島本理生（しまもと・りお）
小説家。代表作に『ナラタージュ』。２０１８年『ファーストラヴ』で直木賞受賞。

太宰治（だざい・おさむ）
小説家。１９０９〜１９４８。『走れメロス』『斜陽』『人間失格』など。

永井荷風（ながい・かふう）
小説家。１８７９〜１９５９。『ふらんす物語』『濹東綺譚』『断腸亭日乗』など。

夏目漱石（なつめ・そうせき）
小説家。１８６７〜１９１６。『吾輩は猫である』『彼岸過迄』『こゝろ』『明暗』など。

橋本愛（はしもと・あい）
女優。ドラマ・映画で活躍。ＳＮＳに書きつづる熱い胸の内も話題。

林芙美子（はやし・ふみこ）
小説家。1903～1951。『放浪記』『浮雲』『めし』など。

ヒャダイン
音楽クリエイター。天才的なワードセンスとサウンドで多数のアーティストに楽曲提供。

町田そのこ（まちだ・そのこ）
小説家。2021年本屋大賞受賞『52ヘルツのクジラたち』。

三島由紀夫（みしま・ゆきお）
小説家、劇作家、随筆家、評論家。1925～1970。『仮面の告白』『潮騒』『金閣寺』『豊饒の海』など。

水野良樹（みずの・よしき）
ソングライター。いきものがかり。音楽活動のほかに、清志まれの筆名で小説も執筆。

武者小路実篤（むしゃのこうじ・さねあつ）
小説家。1885～1976。志賀直哉らと「白樺」を創刊。『友情』『真理先生』など。

村上春樹（むらかみ・はるき）
小説家。2006年にフランツ・カフカ賞受賞。『風の歌を聴け』『ノルウェイの森』『海辺のカフカ』など。

村田沙耶香（むらた・さやか）
作家。2016年『コンビニ人間』で芥川賞受賞。常識を問いかける独特の世界観が魅力。

村山由佳（むらやま・ゆか）
作家。２００３年『星々の舟』で直木賞受賞。繊細な心理描写で恋愛小説からエッセイまで幅広く執筆。

室生犀星（むろう・さいせい）
詩人、小説家。１８８９～１９６２。『愛の詩集』『蜜のあはれ』『性に目覚める頃』など。

森鷗外（もり・おうがい）
小説家、軍医。１８６２～１９２２。『舞姫』『ヰタ・セクスアリス』『高瀬舟』など。

森絵都（もり・えと）
小説家。１９９０年『リズム』で講談社児童文学新人賞受賞。２００６年『風に舞いあがるビニールシート』で直木賞受賞。

吉澤嘉代子（よしざわ・かよこ）
シンガーソングライター。２０１４年デビュー。物語が浮かび上がるような歌詞が特徴。

吉本ばなな（よしもと・ばなな）
小説家。１９８７年『キッチン』で第６回海燕新人文学賞を受賞しデビュー。２０２２年『ミトンとふびん』で第58回谷崎潤一郎賞を受賞。

ロマン・ローラン
小説家。１８６６～１９４４。１９１５年にノーベル文学賞を受賞。『ジャン・クリストフ』『ベートーヴェンの生涯』など。

綿矢りさ（わたや・りさ）
小説家。『蹴りたい背中』で芥川賞受賞。女性の複雑な内面やささいな日常を描き出す。

番組情報

NHK「言葉にできない、そんな夜。」

引用文監修：　飯間浩明

ディレクター：　大木萌　藤巻聖　円城寺健一　佐藤興達　曽我崇史
立澤哲也

プロデューサー：北山理恵　森川千理

制作統括：　福田貴美子

制作協力：　極東電視台

制作：　NHK エデュケーショナル

切りとり線

★読者のみなさまにお願い

この本をお読みになって、どんな感想をお持ちでしょうか。祥伝社のホームページから書評をお送りいただけたら、ありがたく存じます。今後の企画の参考にさせていただきます。また、次ページの原稿用紙を切り取り、左記まで郵送していただいても結構です。

お寄せいただいた書評は、ご了解のうえ新聞・雑誌などを通じて紹介させていただくこともあります。採用の場合は、特製図書カードを差しあげます。

なお、ご記入いただいたお名前、ご住所、ご連絡先等は、書評紹介の事前了解、謝礼のお届け以外の目的で利用することはありません。また、それらの情報を6カ月を越えて保管することもありません。

〒101-8701（お手紙は郵便番号だけで届きます）
祥伝社　新書編集部
電話03（3265）2310
祥伝社ブックレビュー　www.shodensha.co.jp/bookreview

★本書の購買動機（媒体名、あるいは○をつけてください）

＿＿＿＿新聞の広告を見て	＿＿＿＿誌の広告を見て	＿＿＿＿の書評を見て	＿＿＿＿の Web を見て	書店で見かけて	知人のすすめで

★100字書評……その気持ち、なんて言う?

名前

住所

年齢

職業

NHK「言葉にできない、そんな夜。」制作班

Eテレの教養バラエティ番組「言葉にできない、そんな夜。」の企画・制作チーム。“素敵な表現”を発掘するべく、歌詞・小説・マンガ・ドラマなど、あらゆる資料を多読する日々に追われている。企画会議では、いわゆる“陰キャ”と“陽キャ”で、意見が対立することもしばしば。プライベートをさらけ出さないと、会議が進まないので、個人の恋愛観や人生観をだだ漏れさせながら、日常に潜む“言葉にできない瞬間”を探している。番組は2022年に第1シーズン、2023年に第2シーズンが放送。

その気持《きも》ち、なんて言《い》う？
――プロに学《まな》ぶ感情《かんじょう》の伝《つた》え方《かた》

NHK《えぬえいちけー》「言葉《ことば》にできない、そんな夜《よる》。」制作班《せいさくはん》

2023年5月10日　初版第1刷発行
2024年11月10日　　　第2刷発行

発行者……………辻 浩明
発行所……………祥伝社《しょうでんしゃ》
〒101-8701　東京都千代田区神田神保町3-3
電話　03(3265)2081(販売)
電話　03(3265)2310(編集)
電話　03(3265)3622(製作)
ホームページ　www.shodensha.co.jp

装丁者……………盛川和洋
印刷所……………萩原印刷
製本所……………ナショナル製本

Printed in Japan　ISBN978-4-396-11680-4　C0295

〈祥伝社新書〉
日本語を知る・学ぶ

042
高校生が感動した「論語」
慶應高校の人気ナンバーワンだった教師が、名物授業を再現!

元慶應高校教諭
佐久《さく》協《やすし》

102
800字を書く力
感性も想像力も不要。必要なのは、一文一文をつないでいく力だ!

小論文もエッセイもこれが基本!

埼玉県立高校教諭
鈴木信一

380
書く力は、読む力
文章との正しい向き合い方、書くことに通じる「読み」を紹介

鈴木信一

179
日本語は本当に「非論理的」か
物理学者による日本語論

曖昧《あいまい》な言葉遣いは、論理力をダメにする! 世界に通用する日本語用法を教授

神奈川大学名誉教授
桜井邦《くに》朋《とも》

267
「太《だ》宰《ざい》」で鍛える日本語力
『富《ふ》岳《がく》百景』『思い出』『グッド・バイ』……太宰治の名文を問題化した一冊

カリスマ塾講師
出《で》口《ぐち》汪《ひろし》